MW01639568

Lucy Frank

¿Problemas? ¡Dímelo a mí!

montena

Título original: *Just Ask Iris*
Ilustración de la cubierta: Giulia Orecchia
Adaptación de la cubierta y rotulación: Método, comunicación y diseño, s. l.

Cuarta edición: septiembre, 2005

Printed in Spain – Impreso en España

ISBN: 84-8441-200-8
Depósito legal: B. 33.489 - 2005

Compuesto en Fotocomposición 2000, S. A.

Impreso en Novoprint, S. A.
Energia, 53. Sant Andreu de la Barca (Barcelona)

GT 1 2 0 0 8

A Peter, como siempre,
a mis gatos
y a mis vecinos

1

CAPÍTULO PRIMERO

–¡Aaaaaaaah! ¡Un ratón! ¡Ay, Dios mío, Dios mío! ¡Un ratón en mi cama!

Acababa de dormirme cuando oí a mamá gritar como una loca. Me levanté de un brinco, cogí una grapadora y un rodillo de pintar paredes y salí corriendo.

–¡Atrás, Iris!

Freddy ya estaba en la puerta del salón con un bate de béisbol en la mano. Mamá saltaba sin parar, como si el suelo estuviera ardiendo.

–Está todo controlado, mamá. Intenta calmarte. Tranquila, ya estoy yo aquí.

Freddy entró y comenzó a dar golpes con el bate alrededor del sofá cama.

–¿Por dónde se ha ido?

–¡No lo sé! –Mamá se subió a una silla–. ¡Lo único que sé es que era enorme! ¡Era tan grande que sacudía la cama!

Freddy metió el bate de béisbol debajo del sofá, echó un vistazo debajo de la mesa y corrió la librería.

–Aquí no hay ningún ratón. Si se hubiera escapado por aquí, lo habría visto. Oye, a lo mejor lo has soñado.

–¡Qué voy a soñarlo! –exclamó mamá–. ¡Ese ratón estaba olfateando la cama justo a mi lado! ¡Ay, Dios! No conseguiré pegar ojo hasta que no esté segura de que se ha ido.

Mamá es una de esas personas que cuando está despierta tiene que hacer forzosamente algo y que, cuando hace algo, cree que todos los demás deberían hacer algo también, así que nos pasamos la hora siguiente inspeccionando centímetro a centímetro todas las habitaciones y mirando dentro de todos los cajones y los armarios. Después tapamos las grietas de las tuberías de la calefacción y clavamos un tablón de madera sobre el agujero que había debajo del fregadero.

–Y mañana por la mañana –dijo mamá–, lo primero que haremos será poner trampas para ratones. Me da igual lo que hayamos trabajado estas dos últimas semanas: o conseguimos cazar el ratón o nos mudamos de casa.

–¿Volveremos al Bronx, a casa de la abuela? –pregunté.

Ya nos habíamos mudado un montón de veces, a casas bonitas en las épocas en que papá trabajaba y a casas menos bonitas cuando estaba en paro, pero nunca habíamos estado en una donde hubiera ratones. Y hasta hacía una semana, nunca habíamos vivido en ningún sitio sin papá.

–Yo no tengo ningún inconveniente en que volvamos –añadí.

–Lo sé, cariño. –En los ojos de mamá apareció

una sombra de cansancio, pero solo por un momento–. Pero no lo haremos, te lo prometo.

–Vete tú a saber qué se le ocurriría hacer a papá si nos viera teniendo que compartir la cama con un ratón. –Freddy todavía estaba eufórico–. Probablemente intentaría venderle un trozo de queso. –Soltó una risita e imitó a papá–: ¡Eh, tú, jefe! ¿Cómo te van las cosas, viejo? A lo mejor te interesa este suculento resto de parmesano. Siéntate, por favor, enseguida estoy contigo, en cuanto acabe de ver en la tele este programa.

Estaba intentando por todos los medios hacer reír a mamá. Ella siempre decía que si alguien gritaba: «¡Fuego! ¡Fuego!» mientras papá estaba viendo la tele sentado en el sofá, su única reacción sería: «¿Ah, sí? ¿En qué canal?». Pero últimamente mamá no reía mucho.

–¿Pero tú has visto a Iris con esa grapadora? –Freddy seguía intentando consolarla–. ¡Atrás, pelmazo, o te coso al suelo! ¡Ándate con ojo, o te pinto de rosa!

–He cogido lo primero que se me ha ocurrido –dije–. Para defendernos también servían.

Yo tampoco tenía muchas ganas de reír. Incluso antes de saber que había ratones, aquella casa ya no me gustaba. Era un piso muy grande y lo habíamos limpiado increíblemente a fondo y arreglado muy bien, pero las habitaciones, salvo el cuarto de baño, estaban encadenadas, de modo que no se podía ir a la cocina sin pasar por los dormitorios. El mío era el que estaba más cerca de la cocina, lo que resultaba muy cómodo si me entraba hambre a media noche, pero no si le entraba a otro. Estábamos a primeros de agosto y hacía demasiado calor para dormir. Además, no lograba acostumbrarme al ruido de los camiones, de las sirenas de los bomberos y de las alarmas de los coches, que no paraban de sonar. En la calle, la gente hablaba y cantaba, rompía botellas y escuchaba música hasta las tantas. Además, añoraba a papá. Y si volviéramos a casa de la abuela, la madre de papá –aunque estos últimos meses allí no habían sido precisamente felices, pues todos gritaban y se insultaban sin parar–, por lo menos no tendría que ir a un colegio nuevo y hacer nuevos amigos.

Fuera como fuese, no podía estar peor de lo que ya estaba ni preocuparme más de lo que ya me preocupaba, de modo que, cuando volví a la cama, me puse a leer *El poder de la resignación sexual*. Era un libro antiguo, de aspecto muy serio, con tapas de color marrón y letras doradas. Estaba segura de que, cuando mamá viniera a darme el beso de buenas noches, creería que era una tragedia de Shakespeare o algo así, pero debió de delatarme mi expresión culpable, porque me lo confiscó de inmediato.

–¡Ah, no! ¡Ni hablar! ¡Quítate de la cabeza que te deje leer estas cosas! –dijo–. ¿De dónde lo has sacado? ¿Te lo ha dado tu hermano?

–No –contesté–. Es de la abuela Lillian. Hasta ha subrayado algunas frases. ¿Quieres verlas?

Es posible que por dentro mamá estuviera tronchándose, pero desde luego no tenía intención de devolverme el libro.

–¡No es que no quiera verlas! –repuso–. ¡Lo

que no quiero es que las veas tú! Solo tienes doce años, Iris. Eres una niña. Y mientras yo me ocupe de ti, seguirás siéndolo durante mucho tiempo.

A la mañana siguiente me ofrecí voluntaria para la misión del día: bajar a comprar las trampas para ratones. Era un acontecimiento inimaginable; no podía dejar escapar la ocasión de hacer una expedición fuera de las paredes domésticas. Llevábamos una semana en aquella casa y mamá aún no me había dejado ir a ninguna parte si no era con ella o con Freddy. La tienda estaba justo debajo de casa y mamá no podía decirme que no. Sin embargo, antes de que empezara a disfrutar de aquella escasa libertad, tres idiotas que vagabundeaban por allí se pusieron a mandarme besos, a silbarme y a hacer comentarios sobre mí.

–¡Psss! ¡Mira, guapa!

–¡Eh, preciosa, ven aquí!

–Buenos días, cielo, ¿quieres un sorbo de café? Está dulce y caliente como tú...

Los cinco metros que me separaban de la tienda se convirtieron de pronto en cinco kilómetros.

El establecimiento estaba lleno de gente comprando leche, panecillos para los niños o lotería, o simplemente tomándose un café mientras charlaba con el propietario, que me saludó como si nos conociéramos de toda la vida. Tardé todo lo que puede en comprar las trampas, confiando en que al salir aquellos tipos se habrían marchado. Pero seguían allí.

–¿Cómo te llamas, preciosa?

–Vamos, cariño, no te hagas la estrecha. Ven a charlar un poco.

–Eres demasiado joven para comportarte así...

–¡Y vosotros sois demasiado mayores para ser aún tan idiotas!

Habría sido bonito que aquellas palabras hubieran salido de mi boca, pero quien las pronunció fue una señora de mediana edad que empujaba un carrito de la compra con un niño pequeño dentro. A ambos lados del carrito caminaban un niño y una niña un poco mayores.

–Ralphie, ¿sabe tu mujer que estás aquí molestando a las chiquillas? Y a ti, Flaco, ¿qué te pasa?

Los regañó primero en inglés y después en español. Tuve tiempo de oír algunas palabras antes de meterme en el portal del edificio.

La señora entró inmediatamente después que yo.

–Gracias, cielo –me dijo mientras le sostenía la puerta para que entrara con el carrito de la compra–. Y no te preocupes, ya verás cómo no vuelven a molestarte. Los conozco desde que tenían la edad de mis nietos. Tú vives en el 2B, ¿verdad?

Asentí.

–Sí, os vi cuando hicisteis la mudanza. Estos son Frankie, Jessica y Joey.

Eran unos niños muy guapos. La señora sacó al más pequeño del carrito y lo dejó en el suelo. Empezamos a subir juntos la escalera. No veía la hora de que arreglaran el ascensor. El vestíbulo apestaba y la luz amarillenta iluminando las paredes verduscas y la barandilla marrón oscuro hacía que tuviera la sensación de estar metida en una pecera sucia.

–Yo me llamo Daisy y vivo en el 4A. ¿Tú cómo te llamas?

–Iris –respondí.

–¿Pinkowitz?

Asentí.

–Sí, leí vuestro apellido en el buzón y me dije: «¿Pinkowitz? Ese apellido es judío». Pero no parecéis judíos.

Pasaba lo mismo prácticamente siempre que conocía a alguien, aunque algunas personas tenían el buen gusto de pensarlo y callarse. Eso era lo que más cuesta arriba se me hacía de cambiar de colegio: decirles a los compañeros mi apellido. Y con los profesores la cosa no iba mucho mejor...

–Tu madre debe de ser esa señora tan guapa de piel oscura que vi el otro día. Es suramericana, ¿verdad?

Incluso en los tiempos menos malos, mamá le habría dicho a Daisy que se ocupara de sus asuntos. Ella siempre dice que no entiende cómo se le puede ocurrir a la gente pedirnos a Freddy o a mí explicaciones sobre quiénes somos y qué hacemos. «La gente no está contenta hasta que te ha colgado una etiqueta», dice mamá. Pero Daisy me había defendido en la calle, así que me parecía justo responderle.

–Sí, esa es mi madre.

Entonces me di cuenta de que estaba a punto de pronunciar la frase fatídica: «Al que todavía no he visto es a tu padre», y subí corriendo los pocos escalones que me faltaban, saqué las llaves de casa y dije:

–Gracias.

–De nada –contestó, sonriendo–. Pero voy a darte un consejo: dile a tu madre que te compre un sujetador. Tendrás menos problemas con esos idiotas si llevas sujetador.

¿Cómo? Me metí en casa sin siquiera despedirme, fui corriendo al cuarto de baño y examiné mi imagen en el espejo de frente y de perfil, de un lado y del otro. Veía a una chiquilla alta, de piel oscura, largos cabellos castaños perfectamente peinados hacia atrás, gafas, piernas largas y delgadas y... ¡Dios santo, necesitaba sin falta un sujetador!

¿Por qué no me había dado cuenta antes? La verdad es que ya lo había pensado, pero me había dicho que nadie más debía de haber notado el cambio.

Mamá estaba en la cocina planchándose la camisa blanca de trabajo.

–Mamá –dije con decisión–, necesito un sujetador.

Ella dejó la plancha, cogió las trampas para ratones que yo llevaba en la mano, me miró atentamente y dijo:

–¿Cómo es que se te ha ocurrido pensar en eso precisamente ahora? Iris, ¿ha pasado algo?

Si le hubiera contado lo de aquellos chicos, habría bajado a la calle hecha una furia..., y si le hubiera dicho lo de Daisy...

–No –contesté, mientras rezaba para que mi cara no estuviese tan roja como la notaba yo–, era por decir...

–Bueno, pídemelo cuando haya vuelto a trabajar, ¿vale? –dijo mamá–. Cuando las cosas se hayan arreglado un poco y tengamos algo más de dinero. Tengo tantas cosas en la cabeza en este momento, Iris...

Mamá trabajaba en el restaurante de Graciela, situado a unas manzanas de casa. Se había cogido dos semanas de vacaciones para hacer el traslado y al día siguiente empezaría otra vez a trabajar. No estaba preocupada por Freddy –Freddy era un chico y ya tenía catorce años–, pero el hecho de tener que dejarme a mí sola en casa la ponía muy nerviosa. Ya me había dado una lista de cosas que tenía que hacer y cosas que no debía hacer, y evidentemente las cosas que no debía hacer superaban con creces las que tenía que hacer.

Era inútil pedirle algo cuando estaba así, pero, cuanto más esperase, más grandes serían mis... No sabía cómo llamarlas ni siquiera hablando conmigo misma. Lo que me molestaba no era tenerlas, sino las palabras para describirlas. *Pubertad* era la más fea de todas, con ese sonido frío que sugería algo pútrido, como mucosidad o vómito. Desde luego, no necesitaba partes del cuerpo de las que los chicos pudieran reírse, o que pudieran mirar con ojos desorbitados o incluso señalar con el dedo. Al menos no en este momento, cuando todo estaba cambiando en mi vida. Casi parecía que me hubieran crecido esa mañana y que, mientras pasaba por delante de mamá, siguieran creciendo. Lo que significaba que cuando empezaran las clases, cinco semanas más tarde...

–Pero todas las chicas de mi edad llevan sujetador desde mediados del curso pasado –insistí esa misma noche, después de que Freddy se hubiera ido a su cuarto.

Mamá dejó inmediatamente de untar mantequilla de cacahuete en las trampas para ratones y me miró.

–Sí, y seguro que algunas ya tienen uno o dos hijos.

–¿Qué tiene eso que ver con el sujetador? –repliqué–. Creía que solo era una cuestión de dinero.

–Y lo es –dijo ella–. Pero no hay que olvidar que las cosas han cambiado. Ahora todo te resultará menos estresante, ya verás. La escuela de informática es un lugar muy tranquilo, y tenemos el ordenador de tía Myra y el libro para aprender mecanografía...

–¿El libro de mecanografía de la abuela? Mamá, estás cambiando de tema.

–No estoy cambiando de tema –negó–. Estoy hablando justo de eso. Ya he renunciado a la idea de que Freddy saque buenas notas, pero tú, Iris, eres distinta. Tú eres como yo era a tu edad. Eres inteligente, podrías obtener unos resultados inmejorables. –Acabó de colocar las trampas, una detrás del frigorífico y otra en el rincón–. Iris, mi amor, tienes el resto de la vida para hacerte mayor. Confía en mí, ser mayor no tiene ningún atractivo, así que no tengas prisa.

–No soy yo la que tiene prisa –dije–. Mamá, mírame.

Se me acercó y me dio un beso.

–No necesito mirarte. Estás perfectamente. Eres una chiquilla guapísima que se convertirá en una mujer guapísima, pero por el momento hazme un favor: sigue siendo una niña un poco más.

«Quédate en casa», eso es lo que quería decir. «Ponte una camisa encima de la camiseta y del jersey. Y cuando empiecen las clases, lleva la mochila delante en vez de detrás», como aquella chica del curso pasado, Marisa, que de repente se había encontrado con unos pechos enormes y tenía que llevar la chaqueta siempre puesta y la mochila delante, y andar encogida como si estuviese jorobada para que los idiotas del colegio no se burlaran de ella. Ya era bastante duro sin eso. En todos los colegios a los que había ido, había hispanoamericanos, afroamericanos, unos pocos asiáticos, algún que otro blanco y, por último, Freddy y yo. En el colegio del barrio de la abuela había italoamericanos, judíos, un par de asiáticos y Freddy y yo. No sabía a quién encontraría en la escuela de informática, pero estaba segura de que todos me mirarían y me preguntarían: «¿Pinkoqué? ¿Qué apellido es ese? Pinko... ¿Puedes repetirlo, por favor? ¿De dónde es? ¿Pero vosotros qué sois?».

No soportaría que además todos me miraran las...

Mamá no paraba de repetir lo inteligente que era. Entonces, ¿por qué, fuera al colegio que fuera, nada más poner el pie en el aula se me bloqueaba el cerebro y los profesores me decían: «Iris, ¿estás aquí?», «Iris, ¿te importa unirte a nosotros?», «¡Iris, baja de las nubes!»? La única que había apreciado mis cualidades era la señora Ragusa, en la escuela elemental, pero más que nada porque se alegraba de que hubiera alguien que no se portara mal en clase. Que la escuchara o no, le era indiferente.

Mamá había escondido *El poder de la resignación sexual*, así que cuando me fui a la cama empecé *Éxodo*, otro libro que había encontrado en casa de la abuela.

Aún no me había dormido del todo cuando oí algo que caminaba sobre mi cama.

–¡Mamá! ¡El ratón! –grité–. Freddy, coge el bate.

–¿Dónde está? ¿Dónde está? –Freddy vino corriendo a mi habitación–. No veo nada.

–¡Está aquí! –Estaba demasiado asustada para moverme–. Pero ¿por qué no se escapa?

Mamá encendió la luz.

–¡Ay, Dios! ¡No puedo creerlo!

–¡Uf! ¡Menos mal que no ha acabado en una de las trampas! –dije.

Porque no era un ratón. Era un gato. Un gigantesco gato rubio de pelo larguísimo. Tenía la cabeza enorme y una buena cola, y le faltaba un trozo de oreja. Nos miró de un modo extraño, como si hubiéramos estropeado sus planes de pasar la noche durmiendo plácidamente, y después saltó de la cama.

–¡Menudo pedazo de ratón, mamá! ¡No me extraña que moviera la cama! –Freddy se agachó y alargó una mano–. Hola, bonito, ven aquí...

El gato se sentó y empezó a lamerse el pelo.

–Debe de haber entrado por la escalera de incendios –dije.

La escalera de incendios estaba delante de la

ventana de la cocina, en la parte trasera del edificio.

–Sí, pero ¿cómo se las ha arreglado para pasar a través de la reja? –dijo mamá–. Es más grande que el pavo que nos comimos el día de Acción de Gracias. Y miradlo... ni se mueve. Se comporta como si estuviera en su casa.

–¡A lo mejor esta era su casa! –exclamé–. A lo mejor pertenecía a los que vivían aquí antes que nosotros. A lo mejor vuelve por eso.

–O tal vez viene simplemente porque le somos simpáticos –dijo Freddy.

El gato me miró con sus ojos amarillos y redondos.

–Se siente solo –dije, y fui a hacerle unos mimos.

–¡No lo toques! –gritó mamá–. Está sucio y podría tener pulgas.

–¡Cuidado, mamá! –dijo Freddy–. ¡No insultes a este gato!

El gato se levantó y se dirigió a la cocina. Lo seguimos. Mamá lo ahuyentaba con las manos.

–¡Zape! ¡Fuera de aquí! ¡Vete!

–No lo eches –dije–. Por favor... Me gusta. Es muy bonito.

Pero el gato dio un salto hasta el alféizar de la ventana, pasó con dificultad a través de la reja de seguridad y se coló por la escalera de incendios.

«Mañana iré a buscarlo», estuve a punto de decir. Pero, teniendo en cuenta que no salir a la escalera de incendios era una de las cosas que figuraba en la lista de mamá de las cosas que no debía hacer, inmediatamente después de no hablar con desconocidos y no ir nunca más allá de la esquina sin Freddy, decidí mantener la boca cerrada.

2

CAPÍTULO SEGUNDO

Practica mecanografía
Limpia los espejos
Pasa el aspirador por la cocina
Saca la basura
Limpia el frigorífico
Haz budín de chocolate (si tienes ganas)
Empieza a preparar la cena

A la mañana siguiente, mientras echaba un vistazo a la lista de cosas que tenía que hacer, me pregunté si a mamá le importaría si hacía el budín y me lo comía entero en aquel preciso momento. También me pregunté qué narices haría una vez que hubiese acabado todas las tareas domésticas, y estaba pensando a quién podría llamar del Bronx, cuando de repente noté esa extraña sensación en la base del cuello que se experimenta cuando uno nota que están observándolo.

El gato estaba mirándome a través de la ventana que da a la escalera de incendios.

–¡Eh! –le dije, acercándome a la ventana–. Iba a ir a buscarte.

Él abrió la boca y dijo:

–¡Miau!

Yo también maullé.

–Rrr... –contestó él.

Tenía los ojos grandes y redondos, casi del mismo marrón claro que los míos, y el pelo suave y brillante. Cuando no maullaba, casi parecía que sonriese. Pero prácticamente no tenía cuello y, además de faltarle un trozo de oreja, llevaba el morro lleno de cicatrices. Aun así, no entendía por qué a mamá no le había gustado.

–¿Quieres entrar? –le pregunté–. ¿Es eso lo que intentas decirme? ¿Te sientes solo?

Abrí la ventana y la reja, y el gato entró.

–Seguro que tienes hambre.

Saqué del frigorífico una loncha de mortadela. Él la olfateó. La dejé caer al suelo y se la tragó entera, sin trocearla previamente. Después levantó el hocico y me sonrió, así que le di otra y luego otra más.

–¿Te gusta estar aquí conmigo?

Él se sentó, se limpió el hocico con la patas delanteras y empezó a ronronear.

No había tenido nunca un gato. Freddy había tenido una tortuga y yo dos peces rojos que había ganado en la feria. Pero un día que papá había bebido, tropezó con la pecera y la tiró al suelo. ¡A saber si a los gatos les gusta el budín de chocolate!

Lo preparé. Y le gustó.

–¿Me haces compañía mientras limpio? –le pregunté mientras daba los últimos lametones al plato de budín. No sabía que los gatos armaran tanto ruido cuando ronronean.

Se frotó contra mí mientras limpiaba el espejo del cuarto de baño; luego me siguió a mi habitación y, cuando acabé allí y abrí la puerta del cuarto de Freddy, se metió enseguida dentro. No había ningún problema, desde luego, porque Freddy dormía como un tronco donde fuese, así que un gato no iba a molestarlo. Empecé a ponerme un poco nerviosa cuando llegamos al salón y se subió a la mesa de estudio, se paseó impertérrito por encima del teclado del ordenador y después se acomodó en el sofá. Parecía estar muy a gusto. Me encantaba oírlo ronronear.

Mientras limpiaba el espejo de mamá, eché un vistazo a mis pechos. Estaba preguntándome si debería revisar sus cajones en busca de un sujetador que me quedara bien y cuya falta ella no advirtiese, cuando sonó el teléfono.

Esperaba que fuese alguna de mis amigas del Bronx, pero era mamá.

–¿Cómo va todo por ahí? –me preguntó.

–Bien. Espera un momento.

Me agaché e hice bajar al gato del sofá. Él volvió a subirse al escritorio, pasó por encima del teclado, se puso delante de mí y apoyó la cabeza en mi brazo.

–¿Qué estás haciendo? –preguntó mamá.

«Practica mecanografía» era lo primero de la lista que me había dado.

–Voy a ir al ordenador –dije, esperando que no oyese ronronear al gato–. Acabo de terminar de limpiar los espejos y ya he hecho el budín.

–No te sientes demasiado sola, ¿verdad?

–No –dije, acariciando al gato–, estoy bien.

–¿Qué te parece el libro? ¿Le has echado un vistazo?

–Me parece que está bien.

Si apartaba la cola del gato, podía verlo perfectamente. *El famoso método de mecanografía Dornbush. Sigue el método de la doctora Mildred Dornbush, te ayudará a evitar los errores más comunes en la mecanografía.* No había dicho una mentira.

Después de haber colgado el teléfono, abrí el libro.

¿Tienes la fea costumbre de machacar las teclas?

Pasé la página:

Repite la misma línea cinco veces. No mires el papel. No teclees nunca sin pensar. Piensa antes de teclear.

Tomás tiene un gato tonto que come del plato tomate frito.

El plato del gato está roto.

El tomate frito se ha salido del plato.

Mira qué resultados has obtenido después de practicar una hora.

Y ahora teclea cada línea cinco veces más.

Pasé otra página.

Una buena posición es fundamental para mecanografiar bien.
Una buena posición es fundamental para mecanografiar bien.
Una buena posición es fundamental para mecanografiar bien.

La práctica y la determinación son factores importantísimos.
La práctica y la determinación son factores importantísimos.
La práctica y la determinación son factores importantísimos.

–Yo estoy más que determinada a no seguir con esto –le dije al gato.

–¿Con quién estás hablando, Iris? –me preguntó Freddy cuando entró en el salón restregándose los ojos–. ¡Uy, uy, uy! ¡Mamá se te va a comer viva! –añadió al ver al gato tumbado en el sofá.

–No lo hará –repuse–. Porque tú no le vas a decir nada, ¿verdad?

Un momento. ¿Qué era exactamente lo que Freddy estaba mirando de aquel modo, el gato o mis pechos? Quizá sí que debería haber cogido un sujetador de mamá. Claro que mamá tiene un pecho bastante desarrollado, y a mí me ha crecido, sí, pero no tanto...

–Freddy, ¿por casualidad tienes dinero para prestarme?

–¿Para qué? ¿Quieres comprar comida para gatos?

Se acercó al gato y le rascó la cabeza por detrás de las orejas. Después se olió la mano.

–No huele mal, tranquilo. Está muy limpio. No, no es para comida para gatos. Es para una cosa que necesito.

–¿Y cuánto te hace falta?

¿Cuánto valía un sujetador?

–No lo sé exactamente. ¿Veinte dólares?

Seguro que Freddy tenía dinero. En teoría, él debía ocuparse de mí y acompañarme a donde tuviera que ir. Y tenía que haber alguna tienda de ropa interior en los alrededores.

–¿Veinte pavos? –dijo, meneando la cabeza–. Como mucho puedo darte tres.

–Da igual, no he dicho nada.

De todas formas, hubiera sido muy violento explicarle para qué los necesitaba.

Freddy salió, pero el gato se quedó toda la mañana haciéndome compañía. Cuando se fue, de nuevo por la ventana de la cocina, limpié la mancha que las lonchas de mortadela habían dejado en el suelo. Pasé el aspirador y cerré la ventana para asegurarme de que no entrara mientras mamá estaba en casa.

–¡Qué casa tan limpia! –dijo mamá cuando volvió de trabajar–. ¿Qué has hecho? ¿Has pasado el aspirador por todo el piso?

Asentí.

–¿Y cómo te ha ido con el ordenador?

–No muy mal –respondí, lo cual no era mentira, dado que si una cosa no se hace es imposible hacerla mal.

A la mañana siguiente, el gato volvió a maullar ante la ventana de la cocina.

–¡Hola, miau! –lo saludé mientras le abría para dejarlo entrar. Él fue directo al frigorífico, así que le di unas sobras de pollo. Parecía que le gustaba más que la mortadela. Al día siguiente le di arroz con alubias. Le encantó.

Era como si llevase un reloj incorporado. Todos los días, cinco minutos antes de las nueve, estaba delante de la ventana de la cocina esperando el desayuno. Juntos hacíamos todo lo que estaba escrito en la lista que me dejaba mamá –la mecanografía era lo primero en todas las listas y lo único que ni siquiera tomaba en consideración–, luego preparaba alguna cosa para los dos y nos sentábamos a comer fuera, en la escalera de incendios.

La escalera de incendios daba a un patio interior, y cuando corría un poco de aire se estaba mucho mejor allí que dentro de casa. Si me asomaba por la barandilla, casi podía tocar el árbol que crecía sobre el cemento. Me gustaba aquel árbol, a pesar de que tenía unos pantalones de pijama enganchados en las ramas. Me gustaba la forma en que el viento hacía temblar las hojas, rojas y brillantes, y la forma en que los pantalones de pijama parecían danzar movidos por la brisa. Me daba una sensación de inmensa paz estar allí fuera en compañía del gato. Él comía Rice Krispies y a mediodía arroz con alubias u otra cosa, y después estaba allí conmigo, tumbado al sol con las patas estiradas sobre mi brazo y ronroneando. A veces me llevaba algo para leer, pero me pasaba casi todo el tiempo escuchándolo a él. Había algo en aquel ronroneo que me hacía olvidar todos mis problemas. En un par de ocasiones pensé probarme un sujetador de mamá para poder salir, pero con el gato en casa no me desagradaba quedarme.

Sin embargo, no conseguía hacer que se quedara todo el día. Si me alejaba para ir al cuarto de baño o coger el teléfono, se iba. Miraba hacia arriba y hacia abajo desde la escalera de incendios, pero nunca conseguía ver por dónde se había ido.

–Me encantaría saber dónde vive –le dije a Freddy.

–Yo creo que vive en el callejón –sentenció él–. Se sube al contenedor del patio, luego trepa por el canalón hasta la escalera –prosiguió, señalando la escalera de mano que había bajo la escalera de incendios– y llega hasta aquí. O vive en los tejados. O abajo, en la tienda. He visto un montón de gatos merodeando por allí.

En cualquier caso, estaba empezando a pensar en él como si fuera mi gato. Ya le había puesto hasta nombre: Fluffy.

–Yo creo que le pega más «Scruffy» –dijo Freddy–. O «Tuffy», o «Tubby».

–De eso nada –repuse, furiosa–. ¿Verdad, minino? Di la verdad, ¿a que «Fluffy» te gusta mucho?

Le hice unos mimos por si se había ofendido por los nombres que había sugerido mi hermano. Freddy se metió un dedo en la boca y fingió que vomitaba, pero después lo vi haciendo jugar a Fluffy con su yoyó.

Aquella semana Fluffy fue a vernos todos los días, pero el sábado no se presentó. Mamá trabajaba porque había acordado con Graciela que trabajaría todos los días durante un mes, hasta el día del Trabajo, para recuperar el tiempo que se había tomado para hacer el traslado. Yo no paraba de salir a la escalera de incendios para ver si llegaba. Lo llamé. Hasta le dejé una ala de pollo en la ventana, escondida de manera que mamá no la viese, pero el domingo por la tarde el ala seguía allí y de Fluffy no había ni rastro.

Así que, aunque deba la impresión de que en el exterior hacía cincuenta grados a la sombra, me puse unos pantalones largos y una camisa y bajé a la tienda. Por suerte, no estaban los idiotas de la otra vez. Probablemente hacía demasiado calor hasta para ellos. Me sentí bastante aliviada al ver que Daisy tampoco estaba por allí.

–Estoy buscando un gato –le dije al propietario del comercio.

–Sí, tenemos gatos. ¿Cuántos quieres? –me señaló un par de gatos rubios, como Fluffy, que estaban debajo de unos paquetes de papel higiénico.

–¿Solo tienen estos? –pregunté.

–Sí, pero si te los llevas te haré un buen precio –dijo, guiñándole un ojo al chico que estaba detrás del mostrador–. Dos por el precio de uno, ¿qué te parece?

–No, gracias.

–Pues yo te estaría agradecido durante toda la vida si te los llevases. Me los quedé para que cazaran ratones, pero no han atrapado ni uno. Todos los días se zampan dos latas de Nueve Vidas sin hacer nada para ganárselas. Un día de estos los meto en una bolsa y los tiro a la basura para librarme de ellos de una vez por todas.

–Haga lo que le parezca –dije.

Él me miró con atención.

–Tú eres esa nueva que ha venido a vivir aquí arriba, ¿verdad?

–Sí –contesté. Ya estaba preguntándome si tendría que contárselo todo, como me había obligado a hacer Daisy, pero él me tendió la mano, así que se la estreché y dije–: Encantada. Me llamo Iris.

–Yo Sammy –dijo él, sonriendo–. Bienvenida.

Le conté lo de Fluffy.

–¡Ah, estás buscando a ese gato! Sí, ya sé cuál dices. Ese gato es un monstruo, ¿verdad, Junior? –El muchacho asintió con la cabeza–. Así de grande, ¿eh? –Sammy separó casi un metro las manos para indicarme lo grande que era Fluffy–. Una vez vino a provocar a mis gatos y tuve que echarlo a escobazos –dijo, riendo.

–¿Sabe por casualidad dónde vive? –le pregunté–. ¿O vio adónde iba aquella vez?

–No, pero podría muy bien ser uno de los de la Señora de los Gatos.

–¿La Señora de los Gatos?

–La morena vieja –dijo Junior–. ¿Todavía no la has visto? Es una vieja loca de color que vive en el 6B. Si ves por ahí a una mujer con sombrero y rodeada de gatos, es ella.

–Sí, viene aquí a comprar la comida para sus gatos elegantísima, con guantes blancos y sombrerito, como si fuera a la iglesia –añadió Sammy–. Antes creía que se comía ella todas las latas que compraba. Hay gente que no puede permitirse otra cosa, ¿sabes? Pero después Junior empezó a llevarle la compra y...

–Y vi que su casa está llena de gatos, hasta el último rincón, y cada vez que voy me dice: «Toma, chico, por las molestias» –dijo Junior en voz alta y estridente–, y me da un cuarto de dólar.

–Quizá podría ir a su casa y preguntarle por Fluffy –dije, aunque no me hacía gracia la idea de subir aquella escalera oscura y apestosa hasta el sexto piso.

–Yo de ti no lo haría. –Sammy movió un dedo tocándose la sien para sugerir que estaba loca–. ¿Cuántos gatos tiene, Junior? ¿Treinta, cuarenta?

–Tal vez un centenar –dijo Junior.

–A lo mejor es simplemente que le gustan los gatos –sugerí.

–No, no es solo que le gusten los gatos, es algo más –objetó Sammy–. Es una enfermedad. No sé si la vieja está para que la encierren en un manicomio, pero normal no es, ¿verdad, Junior?

–Ya lo creo. Tendrías que ver su casa... –Junior reía–. Por no hablar de la peste que hace. Da ganas de vomitar.

–Es triste, eso es lo que es. –Sammy meneó la cabeza–. Es patético.

–Pero ¿usted cree de verdad que el gato que busco podría estar en su casa?

–Ahí podría haber cualquier cosa –contestó Junior.

–¡Menos ratones! –dijo Sammy–. Ni ratones ni ratas, eso seguro. Mira, yo de ti me buscaría otro gato.

Yo no quería otro gato, pero la verdad es que esa vieja me daba un poco de miedo, todavía más que la escalera.

Volví a casa a ver si Freddy me acompañaba, pero Freddy había salido. Pasarían horas antes de que mamá volviera a casa, horas en las que no sabía qué hacer aparte de pensar en Fluffy, leer, cosa que estaba demasiado ansiosa para hacer, escribir con el ordenador –imposible– o estar sentada mirándome crecer los pechos. Esto me recordó una cosa.

En el cajón de la ropa interior de mamá, encontré un sujetador gris de línea deportiva. Estaba segura de que no se lo ponía nunca. Me lo ajusté con un par de imperdibles y debo decir que me quedaba casi bien. Debajo de la camiseta quedaba un poco abultado, pero era mejor que no llevar nada. Por lo menos así no tenía que ponerme la camisa, y si me encontraba con Daisy, ya no tendría que avergonzarme. Y además, echaba mucho de menos a Fluffy.

No sabía si sería capaz de dirigirle la palabra a la Señora de los Gatos o si me limitaría a echar una ojeada, pero el caso es que subí por la escalera de incendios.

3

CAPÍTULO TERCERO

–¡Chist...! Tranquilo, perrito, pórtate bien...

Justo a la altura de la ventana, la escalera de incendios formaba una especie de rellano que iba del piso B, el nuestro, al piso A. Estaba en el penúltimo escalón, lo bastante arriba para mirar por la ventana el interior del 3A, cuando mi mirada se encontró con la de un pitbull.

–No pasa nada... –Intenté mantener la calma y tranquilizarlo–. No quiero molestarte.

El perro no ladraba: gruñía. Di un paso adelante. El gruñido se hizo más fuerte. Por suerte, la ventana estaba cerrada, así que no podía devorarme aunque tuviera intención de hacerlo. Puse el pie junto a su ventana; no había ni persiana ni cortina, ni siquiera reja, así que veía perfectamente toda la cocina. Cualquiera que viviese en aquel piso, la noche anterior había comido pizza, bebido cerveza y tomado un montón de vitaminas. Y tenía ese horrible perro.

Oh, oh... El perro había empezado a ladrar.

Las escaleras de incendios tienen una especie de rellano de aproximadamente un metro de ancho y uno y medio de largo a la altura de la ventana de cada piso. Entre los dos pisos de cada planta hay unos tres metros, y en ese espacio el rellano se estrecha. No es que me apasionara la idea de recorrer esa especie de estrecho pasillo, pero la alternativa era renunciar a buscar a Fluffy y volver a casa, o quedarme allí plantada mientras aquel perrazo buscaba la manera de saltarme al cuello.

–¡Brutus! –gritó de pronto una voz–. ¿Ya estás otra vez ladrando a las palomas?

Me desplacé lentamente hacia la parte estrecha, donde no podían verme, me pegué a la pared del edificio y eché un vistazo al interior.

El tipo que había entrado en la cocina era una especie de versión humana del perro: robusto y bien plantado, con unos músculos impresionantes, la cabeza rapada, un aro de plata en cada oreja, un *piercing* en la nariz y otro en medio de la barbilla, y una gran telaraña azul con una araña roja tatuada en el antebrazo. Cogió de la mesa un resto de pizza, se comió la mitad y le dio la otra mitad al perro. Se acercó a la ventana y vi que también llevaba un tatuaje en el otro brazo. Ponía algo así como «Tiny» o «Tony». No se leía bien... ¡Oh, no!

Se me había salido la chancla. Me agaché para recuperarla.

–¡Eh, tú, mocosa! ¿Qué haces ahí? –El tipo se acercó a la ventana y la abrió mientras sujetaba al perro del collar, y de repente me encontré cara a cara con él–. ¡Esto no es un espectáculo en directo! Esto es mi casa.

Tenía ojos de Drácula. No podía moverme y se me había secado la boca.

–Lo siento –dije por fin–. Lo siento mucho. Mi intención no era espiarlo.

En ese momento le vi las manos. Llevaba una especie de hoja tatuada en cada dedo.

–¿Qué miras? –gruñó.

–Nada –contesté–. Estoy buscando un gato. ¿No habrá visto por casualidad un gato grande, de pelo rubio, por aquí?

–A ver... –dijo, acariciándose la barbilla–. Brutus, ¿te has comido un gato esta semana? No –añadió, negando con la cabeza–, al menos esta semana no. Y da gracias a que esté yo aquí, porque lo que le vuelven loco son las chiquillas entrometidas que lo espían por la ventana.

Tuve que echar mano de todo mi valor para no salir corriendo y meterme en casa.

–El gato que estoy buscando –dije–, bueno, he oído decir que podría ser de una mujer que todos llaman la Señora de los Gatos...

–Sí, y alguien debería llamar a esos tipos que capturan gatos callejeros, que a lo mejor hasta se la llevan a ella –replicó el hombre–. O quizá debería mandar a Brutus. Él arreglaría el asunto de una vez por todas, sin escrúpulos.

–Pues yo iba allí –dije–, al 6B. Si no le importa...

–A mí me da igual lo que hagas –repuso–, con tal de que te mantengas alejada de mi ventana.

Ahora ya no tenía elección. Debía seguir adelante.

Despacio, con prudencia, tratando de no mirar hacia abajo, atravesé la parte estrecha del rellano hasta el 3B, que estaba justo encima de nuestro piso. La cortina estaba corrida y la ventana apenas un poco entreabierta. No tenía ni idea de quién vivía allí. Rezaba interiormente para que no hubiera perros ni hombres tatuados, y justo mientras daba gracias a Dios por haberme dejado llegar sana y salva al siguiente tramo de escalera, algo me golpeó la pierna. Al principio pensé que me había picado una avispa, pero era más como si me hubieran tirado algo. No me salía sangre, pero dolía.

Mamá tenía razón. No debería haberme aventurado por la escalera de incendios.

Pero lo había hecho. Y ahora estaba en el 4A, donde vivía Daisy, y a pesar de que llevaba el sujetador de mamá, no tenía ningunas ganas de encontrármela. Me aseguré de que no estuviera en la cocina antes de poner un pie en el rellano. Su cocina estaba tan limpia como la nuestra. En un rincón había una trona, y junto a la puerta, un caballo de balancín. Me llegaba el olor de las alubias y del cordero asado que estaba en el horno. ¡Delicioso! Si yo hubiera sido Fluffy, habría escogido esa casa para vivir, pero no lo vi en el piso. En cambio, oí un televisor que sonaba en otro cuarto, así que, para que no me vieran, crucé de nuevo al otro lado. Ya no me daba miedo como al principio. Si no miraba hacia abajo, no era tan terrible.

El piso 4B era el del portero del edificio, el señor Ocasio. Estaba sentado a la mesa viendo el partido de fútbol y leyendo el periódico mientras bebía una cerveza.

Levantó la mirada y me vio.

–¡Eh, tú no deberías estar ahí afuera! –me gritó–. ¿Es que no sabes que si te caes, te desnucarás?

Mamá me mataría si lo hacía enfadar antes de que nos arreglase el escape del fregadero de la cocina.

–Perdone –me disculpé–. Es cuestión de un momento. Llevaré cuidado. Es que estoy buscando un gato. –Le describí a Fluffy–. Sammy, el de la tienda de abajo, me ha dicho que a lo mejor es de la Señora de los Gatos.

–¡No me hables de esa mujer! Esa vieja es una pesadilla... Un día de estos hará que me despidan. –Apartó la vista del televisor y me miró con severidad–. No tendrás intención de subir a su casa, ¿verdad?

–Bueno, la verdad es que sí.

–Inténtalo y te arrepentirás –me advirtió–. Ahora vete directamente a casa, si no, la próxima vez que vea a tu madre...

–¡Hola! –Daisy se había asomado a su ventana–. He oído que estás buscando un gato, uno grande, rubio, de pelo largo, ¿no? –Me hizo señas para que me acercara.

¡Ostras, menos mal que llevaba el sujetador, porque lo primero que me miró cuando me acerqué fue el pecho!

–Si quieres saber algo sobre el edificio y la gente que vive aquí, lo que sea, pregúntamelo a mí –dijo–. No le preguntes a Ocasio, es un viejo cascarrabias. –Miré hacia la ventana del portero para ver su reacción, pero Daisy me tranquilizó–. No te preocupes, yo se lo digo siempre todo a la cara. Y volviendo a lo del gato, lo veo subir y bajar muchas veces por esta escalera.

–¿Cree que será de la Señora de los Gatos? –le pregunté.

–Eso no lo sé –respondió–. Pero, antes de que se estropeara el ascensor, siempre la veía sacar a pasear a los gatos en un carrito rojo. ¿Sabes esos con los que juegan los niños pequeños? Los llevaba hasta Broadway, un grupo distinto cada día, y no paraba de hablarles, y ellos, los gatos, se quedaban quietos en el carrito escuchándola. No se escapaban ni se movían. Y digo yo, ¿qué clase de persona haría una cosa así? Es muy rara. Ocasio tiene razón, mantente alejada de la Señora de los Gatos.

Alguien la llamó desde dentro.

–¡Voy! ¡Un momento, papá! –gritó Daisy–. También quería decirte que el otro día me encontré a tu madre por la calle. Es una mujer muy guapa y se conserva estupendamente, pero tiene siempre una expresión triste. Intenté charlar un poco con ella, pero me di cuenta de que no quería que la molestaran, así que no insistí. ¿Podrías decirle, por favor, que soy representante de Avon? Así, si necesita algún producto de belleza... –Me echó otro vistazo al pecho–. Y dile que me alegro de que haya seguido mi consejo sobre el sujetador.

Me quedé un rato en el rellano de Daisy pensando qué era mejor hacer, si volver atrás o seguir adelante. Todos me decían que me mantuviera alejada de la Señora de los Gatos, pero ahora ya había llegado hasta allí, y si solo daba una miradita rápida por su ventana...

Lo que me decidió fue el jardín. Toda la quinta planta de la escalera de incendios, tanto en la parte estrecha como en la ancha, estaba llena de rosas, margaritas y otras flores que no sabía cómo se llamaban, y en la barandilla había una planta trepadora llena de maravillosas flores azules. Una persona mala no tiene flores como esas. Además, en el tramo de escalera que subía hacia la sexta planta vi dos gatos preciosos.

Regresé hacia la ventana del señor Ocasio y, cuando vi que estaba absorto mirando la tele, me apresuré a subir la escalera. El gran gato blanco me miró un poco de reojo, pero el pequeñito gris casi parecía que quisiera bajar a saludarme.

En la cocina del 5A no había nadie.

–¡Eh, gato! –llamé.

El pequeño se frotó contra la barandilla. Subí al rellano procurando no tropezar con los botes de café llenos de flores. Tenía toda la pinta de ser el piso de una persona mayor. Las cortinas estaban adornadas con borlas, sobre la mesa había un montón de tubos de píldoras de toda clase, en las paredes había colgados cuadros de carácter religioso y el mantel era un hule de imitación de encaje. Me desplacé lentamente hacia la parte estrecha del rellano, con cuidado para no estropear las lechugas, las plantas de pimientos llenas de pimientitos verdes y las tres tomateras cargadas de tomatitos *cherry* en su punto de madurez.

La verdad es que aquellos tomatitos tenían un aspecto excelente. Eché un vistazo al interior del 5B. No había nadie, o por lo menos yo no veía a nadie. No había ni reja ni cortinas, pero una gran planta amarilla colgada en la ventana me tapaba la visión. Cogí un tomate. Estaba increíblemente bueno. El mejor tomate que había comido nunca. Nadie se daría cuenta si cogía otro. Miré de nuevo hacia la ventana y cogí otro par, y después otro, y después otro más.

Estaba haciendo acopio de valor para subir el último tramo que me quedaba para llegar al piso de la Señora de los Gatos, cuando sonó una sirena. ¡Parecía la alarma de un coche o una ambulancia, pero salía del 5B!

Un instante después, alguien comenzó a gritar con una voz ronca y áspera:

–¡Socorro, socorro, llamad a la policía! ¡Policía! ¡Llamad a la policía!

Retrocedí a lo largo del estrechamiento, pero los gritos de «¡Socorro, policía!» en español y en inglés seguían oyéndose tan fuerte que fue un milagro que no tirara alguna maceta del susto.

Cuando llegué a la escalera, una anciana bajita se asomó a la ventana del 5A. Me guardé en el bolsillo los tomates que tenía en la mano, sin saber si bajar o quedarme quieta. No parecía que la mujer estuviera loca, solo un poco alterada.

–¿Qué pasa? –preguntó en español. Yo hablo bastante bien el español gracias a los veranos que he pasado en casa de mis tíos, en Puerto Rico–. ¿Y tú quién eres? –Entretanto, la sirena no paraba de sonar.

–¡Cuca, cállate! –ordenó la mujer–. ¿Qué hacías? ¿Estabas comiéndote sus tomates?

–Lo siento.

Mamá se pondría furiosa si se enterase.

–Cálmate, nena. No pasa nada, hay muchos.

La mujer tenía una mirada afable y luminosa, y alrededor de los ojos tenía incluso más arrugas que la abuela Lillian.

–El loro de Yolanda cree que son todos suyos. Se pone a gritar solo con que los gatos pasen por delante de su ventana.

–¿Es un loro? –El alivio hizo que las rodillas literalmente se me doblaran.

–Sí, es Cuca.

–¡Brrr! ¡Cuca bonita! ¡Suave y sedosa, podéis cogerla en brazos! ¡Es vuestra por diecinueve con noventa y cinco!

Me habría echado a reír si en ese momento el señor Ocasio no hubiera sacado la cabeza por la ventana.

–¡Luisa! –gritó–. ¿Qué pasa ahí arriba?

–Nada, nada, es que una niña estaba comiéndose los tomates de Cuca –le contestó la señora–. Pero no te preocupes, Héctor, es una muchacha muy educada.

–¡Le había dicho que se fuera a casa! –El portero subió también por la escalera de incendios–. ¡Vete a casa ahora mismo! ¡Y no vuelvas a subir ahí arriba!

–¡Awwwk! ¡Suénate! ¡Átate los zapatos! ¡Vete a casa! –gritó Cuca.

Me daba miedo bajar estando allí el señor Ocasio, que se había puesto rojo de ira y me amenazaba con el dedo.

–No te preocupes, nena. –Luisa me dio unas afectuosas palmadas en el hombro–. Héctor, vuelve a casa, o te perderás el partido. Si te pones así, va a darte un infarto.

–Gracias –le dije–. ¡Muchísimas gracias!

Cuando el señor Ocasio entró en su casa, bajé corriendo la escalera, pasé lo más deprisa que pude por delante de su ventana y de la de Daisy y seguí bajando. Pero, cuando llegué al tercer piso, alguien me lanzó otra vez algo a la pierna.

4

CAPÍTULO CUARTO

–¡Ay! –grité.

Alguien se reía. Y después me dispararon de nuevo.

–¡Eh!

Me agaché para ver quién se escondía detrás de la cortina, pero, antes de que consiguiera mirar adentro, alguien la bajó del todo.

«¿Qué? ¿No te has llevado bastantes sustos hoy? ¿Alguien te arroja algo y a ti lo primero que se te ocurre es poner la cara para que te den?» Oía la voz de mamá diciéndome que me quitara de en medio, que pasara corriendo por delante del Hombre Tatuado y su horrible perro, que volviera a casa y me quedara allí el resto de mis días.

Pero antes había oído reír a un niño, estaba prácticamente segura. Además, todos los sustos que me había llevado habían sido por mi culpa; en realidad, nadie quería asustarme. Metí la mano en la ranura de la ventana, cogí la anilla de la base de la cortina, tiré de ella y la solté. Era una de esas cortinas que se enrollan hacia arriba, y lo hizo acompañada de un ruido seco.

Un niño que llevaba un tirachinas en la mano se alejó de la ventana en una silla de ruedas.

–¿Se puede saber qué tienes dentro de la cabeza? –le grité–. ¡Me has hecho daño!

–¿Y qué? –repuso, con una de esas expresiones que los profesores amenazan continuamente con borrar para siempre de la cara de quien las pone.

Parecía mayor que yo, pero no mucho. Tenía el pelo castaño y le caía sobre los ojos más tieso que un puñado de espaguetis crudos. De no ser por su expresión sarcástica y su semblante pálido y demacrado, hasta sería guapo. Su parte superior parecía normal, y estaba demasiado cerca para verle las piernas. Me preguntaba qué le habría pasado.

–¿Qué miras? –dijo.

Dejé de observarlo inmediatamente, pero desde luego no pensaba disculparme. Aún me dolía la pierna.

–¡Idiota! Me has hecho daño.

–Ve a lloriquearle a mamaíta.

–¿Qué? –Ese chico era realmente insoportable.

–¿Por qué gritas tanto? No era más que un garbanzo.

–Perdona, pero para empezar eran tres garbanzos. Y dime una cosa, ¿estás todo el día sentado ahí esperando que pase alguien para dispararle garbanzos?

–Prácticamente sí.

–Pues deja de hacerlo.

–Y tú, ¿se puede saber por qué no paras de ir arriba y abajo?

–Estamos en un país libre –dije.

–Eso también vale para mí –repuso.

–De todas formas, yo no voy arriba y abajo. Solo he pasado una vez.

Me puse de puntillas para poder echar un vistazo a la cocina. Aquello estaba asqueroso; había una fregona dentro de un cubo, un montón de periódicos viejos en el suelo y una mesa tambaleante con un frasco de ketchup, una bolsa de pan a rebanadas y un par de cajas de cereales. Después vi un comedero de plástico en un rincón y mi mente comenzó a trabajar a velocidad supersónica.

–¿Tienes un gato? –pregunté.

A lo mejor Fluffy no era de la Señora de los Gatos. A lo mejor vivía ahí.

–No. ¿Por qué? –dijo, sin mirarme a la cara.

–Porque tienes un comedero de gato ahí, en el suelo.

Su casa estaba justo encima de la nuestra. Comprendía perfectamente por qué Fluffy no quería estar allí.

–Es un comedero de perro, no de gato –dijo.

–Entonces, ¿tienes un perro?

–Lo tenía.

–¿Y ahora no tienes animales?

–¡Eres una metomentodo de mucho cuidado!

–Era solo una pregunta.

–Vale. A mi perro –murmuró– lo hizo matar mi padre.

Fue como si me hubieran dado un puñetazo en el estómago.

–Lo siento –dije.

Su expresión no cambió.

–¿Ves aquellas palomas de allí? –preguntó, señalando el edificio de enfrente–. ¿Cuántas crees que hay?

–No tengo ni idea.

Todavía estaba pensando en su padre y en el perro muerto, y me preguntaba qué le habría pasado.

–Vamos, inténtalo al menos. ¿Cuántas hay?

Miré la hilera de palomas en la cornisa del edificio.

–¿Veinte?

–Treinta y ocho –dijo él–. La semana pasada eran cuarenta, y la anterior cuarenta y tres.

–¿Les has disparado también a ellas?

Volvió a soltar aquella horrible risa sarcástica.

–Exacto.

–¿Has matado cinco palomas? ¿Con un tirachinas?

Era incapaz de saber si mentía. Las palomas no me volvían loca, pero en aquel momento esperé de verdad que estuviese inventándoselo todo.

–Sí, les he disparado clavos.

Di un salto.

–Pero ¿tú estás loco o qué?

–¿Adónde vas?

–¿Adónde crees que voy? Lejos de aquí.

–Bueno. De todas formas, no puedes estar aquí. Es una invasión, una violación.

–Lo que es una violación es disparar a la gente –repliqué–, aunque sea con garbanzos. Puedo pasar por aquí como quiera y cuando quiera, así que no vuelvas a intentar dispararme con ese artefacto, ¿entendido? No vuelvas a intentarlo nunca más.

–De todas formas no vas a volver –dijo–. Por lo menos mientras Brutus tenga algo que decir. «¡Chist...! Tranquilo, perrito, pórtate bien...» –Estaba imitándome a la perfección–. «No me comas, por favor.»

–Yo no he dicho eso.

–Ya lo creo que sí.

Seguramente había escuchado toda mi conversación con el Hombre Tatuado, incluso cosas que yo misma no recordaba haber dicho. Antes de aventurarme hacia el 3A, me volví para mirarlo y demostrarle así que no tenía miedo. Estaba bastante segura de que no me dispararía de nuevo, pero, mientras recorría el estrechamiento del rellano, rezando para que Brutus y el Hombre Tatuado estuvieran profundamente dormidos, se me ocurrió una cosa terrible: si Fluffy no era su gato, tal vez ese chico le había disparado con el tirachinas.

Un garbanzo a Fluffy no le haría nada, con todo el pelo que tenía, pero un clavo sin duda podría matarlo. O herirlo gravemente. A lo mejor estaba en el tejado, o abajo, en el callejón, sin poder moverse y sin nadie que lo ayudara. A lo mejor estaba muriéndose. Tenía que encontrarlo. Pero ¿cómo? ¿Y cuándo? Mamá volvería a casa al cabo de unos minutos.

Conseguí pasar por delante de la ventana del Hombre Tatuado y de Brutus sin que advirtieran mi presencia, y cuando entré en casa lo primero que hice fue quitarme el sujetador y guardarlo en su sitio, en el cajón.

Cuando mamá llegó, estaba tan contenta y tenía tantas ganas de hablar que no se dio cuenta de que yo, en cambio, estaba agotada de todas las experiencias del día.

–Pues estaba hablando con esa señora que trabaja de secretaria –dijo–, y le conté que vas a ir a esa fantástica escuela, y estaba entusiasmada porque vas a aprender mecanografía. Por cierto, ¿cómo va?

–Va. –Lo último en lo que era capaz de pensar en aquel momento era en la mecanografía–. De todas formas, no voy a ir a la escuela de mecanografía sino a la escuela de informática, que es un poco distinto. El libro que me has dado lo escribieron cuando los ordenadores todavía no existían.

–Pero ¿practicas todos los días?

–Bastante.

A lo mejor le había disparado, pero no le había dado. A lo mejor había asustado tanto a Fluffy que ya no se atrevía a pasar por la escalera de incendios. Pero no podía estar segura. No estaba segura de nada. Y ahora no podía salir a la escalera hasta el día siguiente.

–A estas alturas ya deberías haberle cogido el tranquillo –insistió mamá.

–Sí, ya lo hago bastante bien.

Y la mañana siguiente ni siquiera podía salir muy pronto. Tenía que esperar a que el Hombre Tatuado y el señor Ocasio se fueran a trabajar. ¡Dios mío, haz que el Hombre Tatuado tenga trabajo, por favor! Y haz que pueda pasar por delante de Cuca sin problemas.

–¿Cuántas palabras escribes por minuto?

Por el rabillo del ojo, vi que había dejado de

cortar las verduras para la ensalada de atún que estaba haciendo para cenar.

–No lo sé exactamente.

–Pues vamos a verlo. Hagamos una especie de examen. Simplemente como un juego.

Todas las mentiras que había dicho las tenía grabadas en la cara.

–Mejor después.

–¿Y por qué no ahora? Es cuestión de diez minutos.

La sangre se me heló en las venas mientras mamá se acercaba al ordenador.

–Iris –dijo–, no me gusta esa cara.

–¿Qué cara?

Retoqué la colocación de los cubiertos. Otra vez.

–Esa cara de estar diciéndole mentiras a tu madre.

Se me estaba nublando el cerebro igual que me sucedía en el colegio. No quería desilusionarla. Ni tampoco hacer que se enfadara.

–No estoy mintiendo.

–Eso espero –dijo ella–. Porque las clases empiezan dentro de cuatro semanas.

Intenté no escuchar lo que decía concentrándome en lo que debía hacer al día siguiente, pero no funcionó.

–No lo entiendo, Iris. Eres muy inteligente. Lo demuestran todas las pruebas de admisión que has hecho hasta ahora. Te han ido muy bien hasta las de matemáticas. Entonces, ¿por qué cuando se trata de hacer algo por tu futuro te cuesta tanto concentrarte?

El curso pasado habían mandado a casa una carta del colegio en la que se decía que padecía un trastorno de la atención. La abuela pensaba que debía ir papá a hablar con los profesores, porque es blanco y según ella causa mejor impresión, pero mamá se había puesto su vestido azul de vestir y el collar de perlas, me había cogido de la mano y habíamos ido juntas a ver al asesor escolar.

«Lee cuatro o cinco libros a la semana –le había dicho–. Y no me refiero a lecturas fáciles. Solo en el colegio es incapaz de prestar atención. Lo que me hace pensar que el problema son ustedes, los profesores, y no mi hija. El trastorno no está en su cerebro, sino en su colegio.»

En otras circunstancias, hubiera resultado violento oírla gritar de aquel modo, pero aquella vez no. Me defendió a capa y espada, así que por mí podía gritar cuanto quisiera. Evidentemente, cuando volvimos a casa me cantó las cuarenta.

Y eso era justo lo que no quería que sucediese en aquel momento.

–Me portaré bien –prometí–. Estoy concentrada y me concentraré todavía más. En muchas cosas, no solo en las clases.

5

CAPÍTULO QUINTO

A la mañana siguiente, mientras mamá plegaba el sofá cama, le leí la cubierta posterior del libro de la doctora Mildred Dornbush.

–«*El famoso método de mecanografía Dornbush*, de la doctora Mildred Dornbush, profesora de pedagogía. ¿Queréis superar el miedo a los exámenes de mecanografía? ¿Necesitáis aprender mecanografía deprisa? Este libro ha enseñado a escribir a máquina a millones de personas y te enseñará también a ti.»

Esperaba que se riese, pero su única reacción fue decir:

–Promete.

Entonces puse una voz todavía más grave y atronadora y continué:

–«Lección número uno. Mantened los pies bien apoyados en el suelo. Poned las manos en el regazo. Después, le-e-e-e-vantadlas lentamente de manera que la yema de los dedos roce la máquina de escribir.» ¿Te das cuenta? ¡Este libro debieron de escribirlo más o menos en mil novecientos cincuenta!

Era absolutamente necesario que mirase por la ventana de la Señora de los Gatos. Si Fluffy estaba allí, podía dejar de preocuparme. Si no estaba, tenía que encontrarlo.

–No importa. Tía Myra aprendió con él. Y desde luego es mucho más barato que comprar un programa de escritura para el ordenador. –Mamá levantó la vista del sofá, dejó por un momento de esponjar los cojines y prosiguió–: No tienes que dedicarle todo el día, solo una hora o una hora y media. Una hora al día durante las próximas cuatro semanas, y te garantizo que estarás al nivel de todos los demás alumnos.

Dio un último toque a los cojines del sofá cama y después vino a besarme.

–Hazlo, Iris. Te llamaré más tarde para ver cómo te va.

De todas formas, era demasiado pronto para arriesgarse a pasar por delante de la ventana del Hombre Tatuado.

Ya había utilizado un ordenador otras veces, en el colegio y en la biblioteca. Y había jugado con videojuegos en los ordenadores de mis amigos. Pero este ordenador que tía Myra me consiguió cuando los renovaron en su oficina era antiquísimo. Ya era mucho que tuviera ratón. Desde luego, no tenía instalado ni un solo juego. Ni siquiera tenía internet. No había nada divertido que se pudiese hacer con ese ordenador. Solo tenía el Microsoft Office. Abrí un documento nuevo como me había enseñado tía Myra. Mantuve los pies bien apoyados en el suelo. Puse las manos en el regazo.

Pensé: Practico hasta las ocho y media y luego salgo a la escalera de incendios, voy arrastrándome hasta la ventana del piso de arriba, subo la cortina antes de que ese chico tenga tiempo de coger el tirachinas y le pregunto a bocajarro: «¿Le has disparado a Fluffy?». Y a ver qué me contesta. Según lo que diga, decido qué hacer.

Resistid la tentación de poner los dedos sobre las teclas de la máquina de escribir mirándolas. NO MIRÉIS NUNCA LAS TECLAS.

Hacía muchísimo calor en casa. Me levanté y encendí el ventilador. Cogí algo para beber. Oí al Hombre del Aleluya en la calle. Era un señor mayor, con traje negro, que recorría la calle de un extremo a otro con la Biblia en la mano y cantando: «Aaaa-leluya, aleluya, aleluya, aleluya...».

Dejad que la yema de los dedos se deslice ligeramente sobre la base hasta que estos toquen apenas la barra espaciadora. Hacedlo de manera que los dedos reboten después de cada pulsación.

Había una foto de una señora con los pies bien apoyados en el suelo, haciendo deslizar y rebotar la yema de los dedos. Si esa era Mildred, lo sentía por ella.

Asdfg espacio Asdfg espacio Asdfg espacio Asdfg espacio Asdfg espacio

Pronunciad en voz alta las letras que pulsáis. No olvidéis decir «espacio». Repetidlo hasta llenar cuatro líneas más. ¡No os saltéis este ejercicio!

Evidentemente, me lo salté.

Ahora, sin mirar, repetid esta combinación hasta que os la aprendáis de memoria. No sigáis adelante hasta que la sepáis a la perfección.

Pasé la página.

Ahora mezclemos las letras. ¡NO ESTÁ PERMITIDO LEERLAS ANTES! Mantened la mirada en el papel y seguid exactamente el dictado. ¡MANTENED LOS DEDOS SOBRE LAS TECLAS!

No entiendo por qué los profesores, cuando hablan con los niños, utilizan siempre ese tono, como si todos fueran burros. Malos y tontos. Estaba empezando a odiar a Mildred. Y empezaba a preocuparme el hecho de que dentro de poco vería a Brutus.

Sonó el timbre. Eran Kevin y Anthony, los amigos de Freddy del Bronx. ¡Venían a salvarme de Mildred!

–Subid –dije por el interfono–. Voy a despertarlo.

»¡Freddy, han venido tus amigos! –dije, llamando a la puerta de su habitación.

Antes de que pudiera ir a ponerme el sujetador de mamá y la camisa, los chicos llamaron a la puerta. Los hice pasar.

–¡Vamos, Pinky, levántate y anda! –dijo Anthony–. ¡Hemos venido a verte, tío! –Luego me guiñó un ojo–. ¿Cómo va, Iris?

–Sí, ¿cómo va? –dijo Kevin, mirando a su alrededor–. ¿Dónde está Pinkster?

–Ahí, en ese cuarto –les señalé la puerta y me senté de nuevo ante el ordenador.

Desde la última vez que lo había visto, Anthony se había rapado la cabeza. Y Kevin estaba intentando dejarse crecer perilla. Seguramente, ahora Freddy también querría raparse el pelo y dejarse barba. A Freddy siempre le había gustado salir con chicos mayores que él. No soportaba que lo llamasen Pinky, pero después de todo ese sobrenombre era mejor que el anterior, Shorty.

–Eh, Iris, ¿qué estás haciendo? –Kevin me siguió hasta el ordenador.

–Teóricamente, debería aprender a escribir a máquina –le contesté, señalando el libro.

–¿Y cómo es que no se ve nada en la pantalla?

Anthony se acercó también y se inclinó un poco hacia delante para poder leer por encima de mi hombro.

–«Tomás tiene un gato tonto que come del plato tomate frito.» ¿Y por qué es tonto un gato que come tomate frito?

–No sé, quizá porque se lo come del plato –contesté poco convencida. Luego lo miré mejor: estaba muy guapo con el pelo tan corto. Le sonreí.

Él también me sonrió.

–Pero, de todas formas, ¿quién le da tomate frito a un gato?

–¡Tomás, tonto! –dijo Kevin. Y me sonrió también él.

–Pero ¿por qué tienes que escribir «tomate frito», Iris? –me preguntó Anthony–. ¿Qué es ese libro?

–Lo ha escrito la doctora Mildred Dornbush –dije–. Ha enseñado mecanografía a millones de personas y puede enseñarte también a ti.

–Mira estas frases. –Kevin se me acercó todavía más–. «El perro mastín quiere un chocolatín; el gato quiere tomate frito; perro y gato comen pato y boniato.» ¡No he visto nada más tonto en toda mi vida!

Normalmente no me gustan los chicos que llevan pendiente, pero el de Kevin era muy mono. Intenté ser un poco ingeniosa.

–Sería mejor algo como: «Tomás es bajito como un enanito, tiene un perro mastín que es tontín y un gato gordinflón que es tontorrón».

Los dos se echaron a reír. Parecían impresionados y me felicitaron por la imaginación que tenía.

–Es fácil –dije–. Puedo hacer frases tontas como esa hasta que os canséis.

Iba a inventarme otra cuando Freddy los llamó desde su cuarto. Ellos se miraron entre sí y fueron para allá.

–Eh, ¿qué estabais haciendo? –oí que Freddy les preguntaba antes de que la puerta se cerrara.

–Estábamos hablando con tu hermana.

Había algo en el modo en que Anthony le había contestado que me hizo dejar de buscar frases ingeniosas para sustituir las de Mildred Dornbush. Me acerqué a la puerta para escuchar lo que decían.

–Tu hermana es...

Esperaba que dijesen divertida, o inteligente, o incluso guapa. Pero los dos se echaron a reír.

–¡Es muy sexy!

Se reían de mí. Me quedé helada.

–Sí, querido Pinky, tu hermana me pone caliente.

–¿Quién, Iris? –oí que decía Freddy.

–Claro, tío. Pero ¿en qué planeta vives? ¿No has visto qué tetas tiene? A la nena le han crecido las tetas.

El corazón dejó de latirme. ¡Y yo que pensaba que les había hecho reír con mis frases ingeniosas! Corrí a buscar el sujetador en el cajón de mamá y me lo puse lo más deprisa que pude.

Freddy estaba diciéndoles que pararan, que se callasen, pero ellos seguían.

–Pero ¿por qué te pones así, tío? Ella no tiene la culpa de haberse puesto explosiva.

Tenía la cara ardiendo.

–Sí, ¿y le has mirado las piernas? Creo que le gusto. Lo digo en serio. Eh, Anthony, tú has visto que no me quitaba los ojos de encima, ¿verdad?

–¿Estás loco? Me miraba a mí, no a ti, idiota.

Si hubiese llevado puestos los zapatos, habría salido corriendo de casa. Incluso habría podido largarme a la calle descalza cuando oí que uno de ellos decía:

–Creo que voy a ir a seguir hablando con ella...

Si no lo hice fue porque Freddy comenzó a gritar:

–¡Eh, que estáis hablando de mi hermana! A ver si no lo olvidáis. Si volvéis a faltarle al respeto una sola vez... si le decís una palabra de más...

Freddy siempre ha sido muy impulsivo, pero nunca lo había visto tan fuera de sí, excepto a veces con papá. Y esos chicos pesaban por lo menos veinte kilos más que él. No sabía qué diría o haría, pero abrí la puerta.

Todos me miraron. Anthony tenía agarrado a Freddy por los brazos. La cara de Freddy, que intentaba liberarse, estaba roja como un tomate. La mía debía de estar más roja aún.

–Iris, ¿has oído lo que han dicho de ti? ¿Quieres que los eche a patadas? Pues los echo a patadas.

Anthony lo agarró más fuerte.

–Vamos, Freddy, cálmate –dijo Kevin–. Trata de mantener la calma. Tranquilo. Era broma. Estábamos tomándote un poco el pelo. Te aseguro que nadie quería faltarle al respeto a tu hermana. No hace falta llegar a las manos, ¿verdad, Iris? Solo queríamos hacerte un cumplido.

Anthony asintió.

–¿Cuántos años tienes, Iris?

–Tiene doce años –dijo Freddy, furioso.

Y pensar que me había sentido muy mayor e importante cuando se habían detenido en el salón para hablar conmigo.

–¿Lo ves? Solo tiene doce años y ya hay chicos

que se pelean por ella. Te he dicho que es sexy. Hablando con todo respeto. –Anthony me dirigió una amplia sonrisa.

Antes habían estado amabilísimos conmigo y ahora se comportaban igual que aquellos imbéciles de la tienda. Y encima tenían el valor de decirme que era un cumplido.

–Sí, Freddy, tío –estaba diciendo Anthony–, ¿crees que hemos venido hasta aquí para acabar peleándonos contigo?

–¿Cómo quieres que lo sepa? –Freddy había dejado de gritar.

–Si te suelto, ¿me prometes que te portarás bien?

–De acuerdo –masculló Freddy.

Anthony lo soltó. Después, los tres se estrecharon la mano y ahí acabó la cosa.

Me sentía exactamente igual que en el colegio: si hubiera podido, me habría volatilizado.

6

CAPÍTULO SEXTO

Lo peor de toda esta historia con Anthony y Kevin, pensaba mientras me escabullía hasta mi habitación, me ponía las chanclas y me dirigía a la escalera de incendios, peor incluso que sentirse demasiado violenta para contestar, lo que hacía que todo el asunto resultara todavía más humillante era ese estremecimiento, ese hormigueo, esa sensación de chispeante felicidad que había experimentado al pensar que les gustaba. En cualquier caso, de una cosa estaba segura: hoy no me dejaría impresionar por ese idiota del tirachinas. Ni siquiera por Brutus, que mientras pasaba había empezado a gruñir y a protestar. Pondría de vuelta y media al del tirachinas hasta que me dijera qué le había pasado a Fluffy.

Sin embargo, cuando llegué a su ventana ya había alguien gritando.

–¿Cómo es posible que siempre tenga que pasar algo? ¿Eh, Will? ¿Cómo puede ser? Dime la verdad, ¿lo haces aposta para que llegue tarde?

Al principio creía que era la voz de una mujer, porque era muy aguda, pero cuando me agaché para mirar por debajo de la cortina vi a un hombre bajo y delgado con un mono verde de trabajo, que pasaba la fregona por el suelo hecho un basilisco. No podía verle la cara, pero veía al chico junto a la mesa, compungido, en la silla de ruedas.

–¡Ya son las nueve! ¡Y me descuentan el tiempo que llego tarde, maldita sea! Es inútil que te escondas, Will, toda la culpa es tuya y lo sabes. –El hombre decía un taco cada dos palabras–. ¡Estoy harto! ¡Me importa un comino que estés lisiado...!

–Puedes irte, papá, ya acabo yo. Me las apañaré.

La voz del chico sonaba atemorizada.

–¡Sí, así armarás más follón aún! No, muchas gracias. –El hombre apoyó la fregona en el fregadero, miró el reloj y siguió renegando–: ¡Tengo que largarme, maldita sea!

Tuve que estirar el cuello para verlo mientras se dirigía a la puerta de la cocina.

–¿Cuándo volverás? –oí que le preguntaba el chico.

–¡No lo sé! –le contestó el hombre.

–¿Cuando salgas del trabajo?

–Sí, cuando salga del trabajo. Si mientras tanto no me han despedido...

–¿Inmediatamente después?

–¡No lo sé! –El hombre levantó de nuevo la voz–. Ya veremos.

–Es que... ¿podrías traer un par de pizzas y Coca-Cola? –dijo el chico–. Y si entras en la tienda, podrías comprar servilletas y zumo de naranja. Ya no queda casi de nada en casa y...

El hombre soltó una nueva retahíla de imprecaciones.

–¡No me jorobes, Will!

–Perdona, papá.

–Y si vuelven a entrarte ganas de vomitar, arréglatelas, ¿entendido? Y no utilices el buscapersonas si no es una emergencia. No haces otra cosa que llamarme al buscapersonas, Will. ¡Voy a acabar tirándolo a la basura!

No me extrañaba que ese chico disparase contra los animales y las personas.

El padre se había ido. Me levanté y me froté las rodillas, que me dolían de haber estado tanto rato arrodillada sobre la plataforma de hierro. Cada vez me parecía más probable que ese chico le hubiera disparado a Fluffy, pero en aquel momento no me sentía capaz de despotricar contra él como tenía planeado.

Esperé un poco y luego lo llamé.

–Perdona –dije, llamando fuerte a la ventana por si se había ido a otra habitación–. Perdona, Will... te llamas así, ¿no?... ¿Estás ahí? Soy yo, Iris, la del piso de abajo, la del 2B. ¿Te acuerdas de mí? Ayer me disparaste con el tirachinas y te dije que me dejaras en paz.

Ninguna respuesta. Entonces me arrodillé de nuevo y miré por debajo de la cortina. No lo veía, pero oía moverse la silla de ruedas.

–Oye, no he venido a molestarte –dije–. Ya sé que ayer discutimos, pero se trata de algo importante. Estoy buscando un gato. Se llama Fluffy y no lo he visto desde el sábado. He pensado que a lo mejor tú lo habías visto ir arriba y abajo por la escalera de incendios. No le has disparado, ¿verdad? Si lo has hecho, debes decírmelo, Will, ¿vale? Al menos sabré si está bien o si necesita ayuda.

No tenía ni idea de cómo iba a averiguar dónde estaba y si estaba bien, pero esperaba conseguir al menos que Will se acercara a la ventana.

Sin embargo, no se acercó. Con todo, estaba segura de que seguía en la cocina, así que continué hablando.

–Es un gato grande, de pelo largo y rubio, y le falta un trozo de oreja. A lo mejor es de la Señora de los Gatos, no lo sé. Lo único que sé es que ha venido a mi casa todos los días desde hace una semana, que le he dado de comer y que ahora ha desaparecido.

De repente me acordé de que Will me había dicho que su padre había hecho matar al perro que tenía. Quizá no había sido Will quien le había disparado a Fluffy. Quizá había sido su padre.

–¡Will!

Llamé de nuevo a la ventana. Oí que alguien se sonaba despacio, como si no quisiera que lo oyesen.

–Oye, Will, quería decirte... bueno, si hay alguna emergencia... puedes llamarme. Da golpes en el suelo o en las tuberías de la calefacción. Yo estoy siempre en casa, ¿sabes? No me dejan ir a ninguna parte. Y tengo un hermano mayor. Así que, si necesitas algo, nosotros podemos subir enseguida.

7

CAPÍTULO SÉPTIMO

–Es inútil que intentes ser amable con él. Esos no quieren ayuda de nadie. –Daisy estaba fuera, en el rellano de delante de su ventana, tendiendo ropa en un tendedero–. Mira, chica, ya que estás aquí, ¿te importaría subir a echarme una mano?

Miré de nuevo por debajo de la cortina de Will. Parecía que ya no estaba en la cocina.

–¡Qué bochorno hace hoy! El aire apesta a basura –dijo mientras yo subía hasta su piso. Me dio un cesto lleno de pinzas y cogió una camiseta a rayas de niño de una cubeta.

»Sí, todos los vecinos han renunciado hace tiempo a ayudarlos.

–¿Qué le ha pasado a Will? –pregunté mientras ponía pinzas sobre la camiseta, sobre unos calcetines y sobre unos calzoncillos de hombre–. ¿No puede andar nada? ¿Está así de nacimiento o ha sido por alguna enfermedad? ¿Cuántos años tiene? –Me parecía oír la voz de mi madre diciendo «¡Iris, eres más cotilla aún que ella!», pero no me importaba. Esta vez no me iría sin averiguar antes lo que quería–. ¿Y qué problemas tiene su padre? ¿Y dónde está su madre?

Daisy bajó la voz:

–Murió.

–Oh, no. ¿Cómo fue?

–Un accidente de tráfico –susurró–. Hace un par de años. Y también murió el hermano de Will.

Dejé las pinzas.

–¡Dios mío!

Daisy asintió.

–Sí, y he oído decir que el señor Gladd, el padre de Will, estaba borracho. Ella, la madre, le caía bien a todo el mundo, pero desde luego no se puede decir lo mismo de él, aunque antes no era tan insoportable como ahora. Y Will era muy buen deportista. Jugaba al béisbol y al baloncesto. Ella se sentía muy orgullosa de él. Piensa que lo llevaba a una escuela especial, a una de esas donde solo te admiten si superas unos test de inteligencia. Y ahora... míralo, pobrecillo.

Era una historia terrible.

–¿Y él está siempre solo en casa? ¿No puede salir?

–Sin ascensor, no.

No me extrañaba nada que no soportase verme subir y bajar por la escalera de incendios. Casi no me atrevía a reprocharle que odiara también a Fluffy simplemente por tener patas. Entonces, tal vez había sido él y no su padre.

–Temo que Will pueda haber matado al gato –dije–. O quizá ha sido su padre.

Daisy hizo un gesto de asentimiento con la cabeza.

–Sé lo que quieres decir, cielo. Las personas infelices son capaces de cualquier cosa.

Deseaba que me hubiera dicho que estaba equivocada.

Desde el interior del piso se oyó primero a alguien que lloraba, después a alguien que gritaba y después ruido de niños peleándose.

–Tengo que irme –dijo–. Oye, Iris –añadió, apoyando una mano en mi hombro–, eres una niña muy dulce, pero no debes intentar salvar a todos los gatos callejeros y a todas las personas en apuros con que te encuentres; de lo contrario, acabarás con el corazón destrozado.

–¿Qué le parece si echo un vistazo en el tejado y en el callejón y pregunto a los vecinos? –le pregunté mientras ella entraba por la ventana.

–Olvídalo –dijo, volviéndose hacia mí–. Al tejado, ni se te ocurra subir. Es muy peligroso. Y la única manera de acceder al callejón es por el sótano, y para entrar en el sótano tiene que abrirte la puerta el señor Ocasio. En cuanto a lo de los vecinos, en este edificio también vive gente con la que es mejor que no tengas nada que ver. Pero yo te diré lo que puedes hacer. ¿Te acuerdas de Yolanda, esa señora tan gorda? Vive justo debajo de la Señora de los Gatos y está todo el día en casa. Y también está Luisa, que no sale nunca tampoco. Pregúntales a ellas, a lo mejor saben algo. Ahora las llamo y les digo que subes.

–Hace unos días que no veo a ese gato –me dijo Luisa en español, después de haberme reñido por haber vuelto a subir por la escalera de incendios–, pero me niego a creer que Willy sea capaz de dispararle a un animal. Era su canguro y la de su hermano cuando eran pequeños. Willy era un niño estupendo y muy educado, y siguió siéndolo cuando creció. Siempre me ayudaba a subir la compra. Y tenía un perro grande al que cuidaba de un modo ejemplar. Quería mucho a aquel perro...

Eso era una buena noticia.

–¿Y qué me dice de su padre? –pregunté.

–No me gusta hablar de él –contestó en tono cortante.

Eso era una mala noticia.

Crucé el estrechamiento del rellano hasta el 5B, llevando mucho cuidado de no pisar las plantas de Luisa, y eché un vistazo más allá de la planta colgada en la ventana.

–¡Brrrkkk!

Eso sobraba.

–Calla, Cuca –dije–. Esta vez nadie está robándote tus tomates.

–¡Calla! ¡Calla! –protestó el loro.

Una mujer con el pelo entre rubio y anaranjado se asomó a la ventana.

–Basta con que no le digas que es un pajarraco cochino –me dijo–. ¿Eres Iris? –preguntó, apartando la planta para verme mejor.

Daisy tenía razón. Esa mujer era realmente enorme. Pero era joven y parecía simpática.

–¿Por qué no debo decírselo? –pregunté.

–Inténtalo si quieres.

Tenía una mirada tan pícara que, aunque estaba un poco preocupada, no podía dejar de hacerlo. Era un reto.

–Cuca es un pajarraco cochino.

–¡Besa mi precioso culito verde! –gritó Cuca.

–Mi marido, Tico, tiene un extraño sentido del humor –dijo Yolanda–. Pero te lo había advertido.

Se apartó de la ventana y volvió a asomarse con un gran loro verde y reluciente sobre un hombro.

–La única manera de conquistar a Cuca es por el estómago. Dale un tomate y verás –me sugirió.

La miré indecisa.

–¿No me morderá?

–No, pero abre bien la mano.

Arranqué uno pequeño y se lo tendí, pero estaba muy tensa.

–¿Lo ves? Ahora le caes bien –me dijo Yolanda mientras él volvía a su hombro a comerse el tomate–. ¿Te ha besado alguna vez un pájaro en la boca?

Me tapé la boca con las dos manos.

–¡Nooo!

Ella rio.

–Entonces no digas: «Dame un besito». Como ya te he comentado, el sentido del humor de mi marido es un tanto especial. Cuca, dile adiós a Iris.

–¡Awwk! ¡Adiós, Iris! ¡Calla, Iris!

Yolanda meneó la cabeza.

–A este pájaro le encanta decirle a la gente que se calle.

Yo también me eché a reír.

–Tiene exactamente la misma voz que una de mis profesoras del curso pasado, la señora Pilcher.

–¿De verdad? Pues a mí me recuerda muchísimo a mi profesora de matemáticas de cuando iba al colegio, la hermana Úrsula. Tienen el mismo pico.

Nos reímos. Yolanda tenía una risa contagiosa, y además, había algo en ella que te ayudaba a ver los problemas desde otra perspectiva.

–¿Usted sabe algo del gato que estoy buscando?

–Solo que pasaba a menudo por aquí delante. Lo sé porque volvía loco a Cuca. Arriba y abajo, arriba y abajo. Tico lo llamaba Otis, por el nombre de esa famosa fábrica de ascensores.

–¿Y la última vez que lo vio iba hacia arriba o hacia abajo?

–Creo que hacia arriba, pero no estoy completamente segura.

–¿Cree que será de la Señora de los Gatos?

–Seguramente sí. La única persona del edificio que tiene gatos es ella. Aunque al principio fuera un gato vagabundo, estoy segura de que acabó instalándose en su casa. Tico dice que, antes o después, todos los gatos del vecindario terminan en casa de la Señora. Pero últimamente no lo he visto.

–Voy a subir –dije sin pensarlo dos veces.

–¿Sola?

Me miró como si hubiera dicho que iba a entrar sola en la jaula de los leones del zoo.

–Bueno, a no ser que usted quiera... en fin, venir conmigo y presentarme a la señora.

–¿Presentarte? –Se echó a reír–. Primero, yo no he subido nunca a su casa. Segundo, no es una persona normal, está loca, completamente ida. Tercero, a mí no me gusta caminar por las escaleras de incendios, y tú tampoco deberías hacerlo. Cuarto, tengo a los niños acostados. ¿Es suficiente?

Yo también tenía un montón de buenas razones para no ir. No le había dicho a Freddy dónde estaba, por si telefoneaba mamá. Había dejado el ordenador encendido. Y tenía miedo. Pero tenía que ir a ver.

–No hablaré con ella –dije–. Ni siquiera se percatará de mi presencia. Y solo estaré un momento.

8

CAPÍTULO OCTAVO

La ventana de la Señora de los Gatos estaba unos centímetros abierta. En el alféizar estaban plácidamente sentados dos gatos, el pequeño gris y uno grande, bizco, a manchas negras y anaranjadas. El gato gris maulló y se acercó a mí.

–Deséame suerte –le susurré.

Caminé por la parte estrecha del rellano hasta donde estaba segura de que no podían verme y luego continué avanzando a gatas, con el corazón latiéndome desacompasadamente. Miré adentro. El gato bizco bajó del alféizar y se puso a restregarse contra mí.

–¿Ves algo? –me preguntó Yolanda.

–Gatos –susurré.

Había gatos por todas partes: gatos caminando, gatos sentados, gatos durmiendo y gatos lamiéndose el pelo, gatos gordos y gatos flacos, gatos bonitos y gatos que parecían una broma de la naturaleza. También había una gata con una camada de gatitos.

¡Y bandejas! Había por lo menos veinte en fila a lo largo de una pared. Y otra hilera junto al fregadero. Un gato negro de pelo largo se metió dentro de una y empezó a revolver la arena.

–¿Has encontrado al gato que te interesa? –preguntó Yolanda.

El gato negro tenía la cabeza grande, prácticamente no tenía cuello y era del mismo tamaño que Fluffy. A lo mejor era su hermano.

–Todavía no.

–¡Entonces baja, Iris, por favor!

–Solo un segundo.

Oí una voz chillona, un poco parecida a la de Cuca.

–¡Yolanda! –susurré a través del suelo metálico del rellano–. Es ella. Está acercándose la Señora de los Gatos.

Yolanda saltó con dificultad por la ventana y salió a la escalera de incendios.

–No hagas tonterías. ¡Apártate de ahí!

–Ya voy –dije–. Solo quiero ver qué aspecto tiene. Total, desde aquí ella no puede verme.

Me había imaginado a la Señora de los Gatos encorvada y andrajosa, un poco como los vagabundos del parque. Era vieja, pero tenía la piel lisa, era alta y andaba muy erguida. Su voz, sin embargo, era realmente idéntica a la de Cuca.

–Thomas, se te ha olvidado recordarme que coja la lista de la compra –dijo–. Menos mal que me he acordado antes de bajar todas esas escaleras. Habrías puesto el grito en el cielo si hubiese vuelto sin tus Friskies.

El gato con el que hablaba era del mismo color que Fluffy, pero la mitad de grande que él. Había visto un par de gatos rubios en la casa. Tal vez

Fluffy era el padre. La Señora se dirigió al frigorífico.

–¿Qué haces ahí arriba, Eleanor? ¿Buscas un poco de fresco? Quizá debería subir contigo en vez de bajar a hacer la compra. Tienes razón, Hyacinth. Que Dios nos asista. Hoy hace un calor insoportable.

Entonces, ¿por qué tenía la ventana casi cerrada y por qué llevaba un vestido de invierno, de manga larga y con un extraño adorno plateado en el cuello, guantes y un sombrero negro en forma de hongo?

–Y ahora, Sweet William –dijo, dirigiéndose al gato negro de pelo largo–, ¿podríais intentar tú y Buster Brown no pelearos mientras estoy fuera? ¿O tengo que encerrar a Buster en el dormitorio? Si lo dejé volver fue porque me juraste sobre la Biblia que no volveríais a pelearos, pero no sabéis hacer otra cosa que arañaros y arrancaros trozos de oreja a mordiscos...

A Fluffy le faltaba un trozo de oreja.

–¡Miau!

El lomo de Sweet William era igual que el de Fluffy, así que a lo mejor era realmente su hermano. Lo que significaba que Buster Brown era Fluffy. Pero, si lo había llamado Buster Brown, debería ser marrón, claro que si esa mujer estaba loca, como todos decían...

El gato gris anduvo un poco a mi alrededor, se acercó de nuevo a la ventana, apoyó las patas delanteras en el alféizar y miró adentro.

–¿Quién me llama? –dijo la Señora de los Gatos–. Myrtle, ¿eres tú?

Estaba acercándose a la ventana. Un segundo más y la abriría. Tenía que irme.

Pero se me enganchó una chancla en un plancha metálica del rellano, perdí el equilibrio, me caí hacia el alféizar y mis gafas salieron disparadas y aterrizaron en el suelo, dentro de la casa.

Antes de que pudiera recobrar el aliento, la Señora de los Gatos dio un salto hacia atrás y empezó a empujar a los gatos, gritando:

–¡Rápido, pequeños, escapad! ¡Hay algo terrible aquí! ¡Vamos, deprisa! ¡Dios mío, la tienen tomada con nosotros!

–Iris, ¿qué ocurre? ¿Hace falta que suba? –me preguntó Yolanda.

–¡No!

Aquella pobre mujer pensaba que estaban atacándola los alienígenas.

–Perdone, lo siento, lo siento muchísimo –dije. Aquellas gafas valían doscientos ochenta dólares. Mamá me mataría. Además, sin ellas no veía nada. Pasé una pierna por encima del alféizar.

–Iris, ¿qué haces? –gritó Yolanda desde abajo–. ¡Ay, Dios mío, Iris, ten cuidado! ¡Bájate de ahí!

Luisa también había salido a ver qué pasaba.

–No será otra vez esa niña... Pero ¡tú estás loca! ¡No entres en esa casa!

Dios mío, el señor Ocasio también estaba en la escalera de incendios.

Muy lentamente, entré por la ventana. Lo veía todo borroso, pero no tanto como para no distinguir a la Señora de los Gatos con un cazamoscas en la mano, gritando:

–Atrás. Vete de aquí. ¿Qué quieres de mí?

–Nada –dije, levantando las manos. Allí dentro hacía un pestazo horrible–. Solo mis gafas.

–Está mintiendo, pequeños. ¡Oh, Dios mío, destrúyelos! ¡Échalos fuera! ¡La gran Babilonia se ha convertido en el reino de los demonios y el refugio de los espíritus malignos! –gritaba la vieja mientras agitaba el cazamoscas por encima de la cabeza–. ¡No te acerques!

–No, no me acerco.

El hedor era insoportable.

–¡Los que odian sin razón son más numerosos que los cabellos que tengo en la cabeza! –continuó, cogiendo una escoba y agitándola como si quisiera pegarme.

–Yo no odio a nadie.

Sin apartar la vista de la escoba y el cazamoscas, me agaché y cogí las gafas del suelo.

–¿Lo ve? –dije–. Esto es lo que buscaba. Ahora me voy.

Pero en cuanto me puse las gafas vi a Fluffy. ¡Estaba bien! Will y su padre no le habían hecho daño.

–¡Fluffy! –exclamé.

–¡Buster, no escuches la voz del mal! –gritó la Señora de los Gatos–. ¡Huye, Buster!

Fluffy salió disparado hacia el alféizar.

–¡Fluffy! –dije, intentando alcanzarlo.

–Aquí no hay ningún Fluffy –rugió la Señora de los Gatos, obligándolo a bajar del alféizar con la escoba que tenía en la mano–. ¡Atrás, Buster! ¡Venid todos aquí! –Cuando se volvió hacia mí, echaba chispas por los ojos–. Tú no puedes tocarlo. No tocarás a ninguno. Y el inspector, tres cuartos de lo mismo. ¿Me ha oído, señor? Aléjate de mí, Satanás. ¡Vete!

Ya me había ido.

–Aunque mis enemigos se alíen contra mí, no tendré que temer ningún mal –gritaba ella mientras yo me alejaba–. Aunque me declaren la guerra, mi corazón permanecerá firme. Tu báculo me consuela...

Cerró la ventana y bajé hasta el rellano donde Yolanda y Luisa estaban esperándome. Rezaba para que la escalera de incendios aguantara el peso de tres personas.

–¡Tienes suerte de no haberte matado! –me gritó el señor Ocasio–. ¡NO VUELVAS A ACERCARTE A LA ESCALERA DE INCENDIOS! ¿ME HAS OÍDO, IRIS?

–No pasa nada, Héctor, todo está controlado.

Yolanda me empujó para que me metiera en su casa por la ventana y entró detrás de mí. Luisa nos siguió.

Desde dentro seguían oyéndose los berridos del señor Ocasio. Cuca empezó a saltar dentro de la jaula y a gritar también.

–¡Brrrk! ¡Calla, Iris! ¡NO VUELVAS A ACERCARTE A LA ESCALERA DE INCENDIOS! ¡AWWWK! ¿ENTENDIDO, IRIS?

–¡He encontrado a Fluffy! –dije, jadeando, mientras los dos niños de pelo rubio y rizado de Yolanda le tiraban de la falda para saber qué estaba pasando–. ¡Will no le ha disparado! ¡Está vivo y bien!

–¡Tienes suerte de estar bien tú! –me dijo Yolanda–. Creía que te había pegado con el bastón.

–Pobre mujer –dijo Luisa–. Creía que iba a darle un infarto. No entendía quién era Iris, pensaba que era el inspector de sanidad o el demonio en persona.

–Sí, ¿qué eran todas esas cosas que decía? ¿Eran de la Biblia de verdad o se lo estaba inventando? –pregunté.

–Es una mujer muy religiosa, así que debían de ser de la Biblia –respondió Luisa.

–Fluffy está encerrado allí dentro –dije–. A lo mejor lo tiene prisionero.

–¡Iris, estás más loca que ella! Toma, bebe un vaso de agua. –Yolanda se acercó al fregadero–. Tomemos todos un vaso de agua e intentemos calmarnos.

Pero, antes de que pudiera calmarme, alguien llamó a la puerta.

Como era de prever, se trataba del señor Ocasio, con una expresión tan horrible que los niños de Yolanda se escondieron detrás de ella.

–Iris –dijo, agitando un dedo delante de mi cara–, ¿qué tengo que hacer para que no vuelvas a acercarte a la...?

–Ya lo sabe –lo interrumpió Yolanda–. Cuca acaba de explicárselo.

–No tiene ninguna gracia. Si se cae y se desnuca, su madre dirá que la culpa es mía y me quedaré sin trabajo. –Ocasio levantaba cada vez más la voz–. Esta chiquilla no puede andar subiendo y bajando y espiando por las ventanas, sobre todo por las de las personas un poco locas que no se sabe cómo pueden reaccionar...

–Espera un momento. –Yolanda se puso delante de él y levantó una mano como si fuera un guardia de tráfico–. Para empezar, no hace falta gritar. Y es inútil que agites ese dedo delante de su cara, ¿vale? La pobre niña ya está bastante asustada. Y no se le habría ocurrido subir por la escalera de incendios si tú hubieses arreglado el ascensor... ¿Tienes idea del tiempo que lleva estropeado esta vez? Treinta y siete días. Llevo la cuenta. –El señor Ocasio no era bajo, ni mucho menos, pero al lado de Yolanda parecía diminuto. Bajó el dedo–. Y puedes decirle al propietario que lo descontaré del alquiler –prosiguió Yolanda–. Y le diré al resto de los inquilinos que hagan lo mismo. ¿Sabes lo difícil que es para una persona como yo subir seis pisos a pie?

–Mi hijo ha mandado una carta al ayuntamiento para decir que no puedo subir la escalera –intervino Luisa.

Ocasio empezó a dar marcha atrás.

–Pero ¿por qué la toman conmigo, señoras? No soy yo quien establece las normas aquí. Tengo cincuenta y ocho años. ¿Creen que me divierte bajar la basura por la escalera? Si fuera por mí, mañana mismo arreglaría el ascensor. –Hizo una mueca de desagrado–. Ahora tengo que volver al trabajo. Mira, Iris, voy a acompañarte abajo, pero intenta no volver a meterte en líos.

–Ve con él –dijo Yolanda–. Son casi las once y todavía tengo que fregar el suelo, hacer la compra y hacer las camas. Raymond, Andy, vamos a acompañar a Iris a la puerta.

–Lo siento mucho –le dije antes de irme.

–¿Estás de broma? –repuso Yolanda–. Hacía

semanas que aquí no pasaba nada. Puedes venir a verme todas las veces que quieras, pero procura no volver loco a todo el mundo. Y hazte un favor a ti misma: ahora que has encontrado a Fluffy, olvídate de él. Te aseguro que ese gato no está más prisionero de lo que lo está Cuca.

–Necesitas una ocupación, eso es lo que pasa –dijo el señor Ocasio mientras me escoltaba hasta la puerta de mi casa, con el grueso manojo de llaves tintineando cada vez que daba un paso.

La escalera apestaba a pipí, a veneno para cucarachas, a moho y a desinfectante. Era un olor casi insoportable, como el del piso de la Señora de los Gatos. «Por eso utilizo la escalera de incendios», me entraron ganas de decirle. Pero estaba demasiado ocupado hablando.

–Claro que, ¿qué puedes hacer en casa sola todo el día mientras tu madre está trabajando? Debería enviarte a un centro de verano parroquial. O a la escuela de verano. O deberías hacer algún trabajito... de canguro, por ejemplo. Ya eres bastante mayor. No quiero volver a verte en la escalera de incendios, ¿entendido? La próxima vez se lo diré a tu madre.

–Entendido –dije–. No volveré a salir.

Pero me moría de ganas de contarle a Will lo de Fluffy.

9

CAPÍTULO NOVENO

–¡Psst, Will!

De su ventana salía un ruido. Esperaba que no fuera él cargando el tirachinas.

–No dispares, Will. Tengo que decirte una cosa, ¿me oyes? Hablo bajito para que Ocasio no me oiga aunque esté en la cocina. He encontrado a Fluffy.

Tenía intención de no salir a la escalera de incendios por lo menos hasta que al señor Ocasio se calmara un poco. Pero resultó que, cuando me llamó mamá un segundo después de que hubiera entrado en casa, preocupada porque llevaba buscándome toda la mañana, le dije lo primero que se me ocurrió, o sea, que había ido a hacer la colada. Así que después de eso no tenía más remedio que ir a hacer la colada de verdad, y en la lavandería automática me encontré a Daisy con sus nietos. Los dos mayores estaban dándole la tabarra para que los llevase al parque, así que, en vista de que no tenía otra cosa que hacer que ir a casa a aporrear el ordenador y a esperar que Freddy volviera y me abroncara por haberlo puesto en una situación embarazosa con Anthony y Kevin, me ofrecí a meterle su ropa en la secadora y doblársela cuando estuviera seca. De modo que ahora me encontraba a mi pesar en la escalera de incendios, porque tenía que llevarle a Daisy su ropa limpia.

Will no me contestó, pero estaba completamente segura de que me había oído.

–Está bien, Will –dije–. En el fondo, sabía que no le habías hecho daño. Está en casa de la Señora de los Gatos y se llama Buster Brown.

Oí un chirrido que muy bien podía ser de la silla de ruedas. Y ahora ¿qué debía hacer? ¿Disculparme? ¡Pero él me había golpeado tres veces con su artilugio infernal!

–Solo quería que lo supieras –continué–. Y decirte que voy a llevarle la colada a Daisy. O sea, que si dentro de unos minutos oyes bajar a alguien, soy yo. No se te ocurra dispararme.

Pensaba dejar la cesta con la colada fuera de la ventana de Daisy y bajar corriendo, pero ella estaba en la cocina con los niños, así que se la di personalmente.

–Muchísimas gracias, cielo. No tienes ni idea de cómo odio la lavandería automática.

Me indicó que entrara y obedecí.

–¡Frankie, cochino! –El niño más pequeño estaba comiéndose un polo de naranja–. Está chorreándote todo encima.

Cogió una servilleta de papel y le restregó la cara como si fuera una olla sucia.

–Ahora tendré que cambiarte otra vez. –Sacó un refresco del frigorífico para mí y dijo–: He oído decir que esta mañana te has llevado un buen susto. –Debería haber imaginado que Daisy se enteraría en menos que canta un gallo–. Seguro que es la última vez que subes hasta allí arriba –dijo, riendo–. Esa vieja está loca de remate. ¿Te he contado que antes daba clases de música? Yo a mis hijos no los llevaría nunca a que les diera clase alguien como ella. Es más, yo no mandaría a su casa a nadie. Me alegro de que no te haya pasado nada.

–Estoy bien –dije–. Además, he encontrado al gato y también está bien. Y he conocido a Yolanda, que es muy simpática.

–Sí, pero es una lástima que se haya abandonado hasta el punto de engordar tanto. Yo hago gimnasia con un casete todas las mañanas. ¡Joey, para! –Miró con una expresión severa al otro niño, que decía: «¡Bruuum, bruuum!» empujando un cochecito.

La niña, que aparentaba cinco o seis años, estaba en el suelo comiéndose un polo rojo y mirando un catálogo.

–¡Jessica! ¡No comas encima de mi catálogo nuevo de Avon! –Se lo arrebató–. Esto es mi trabajo. Me gano la vida con este libro, no es para jugar. –Meneó la cabeza de nuevo–. Te digo la verdad, Iris, no veo la hora de que estos niños vuelvan al colegio. Y todavía faltan cuatro semanas. Si mi hija no encuentra pronto una solución, no sé si podré aguantar. ¿Y tú, cuándo empiezas las clases?

–¡No quiero ni pensarlo! –contesté.

–¿Por qué? A mí me pareces el tipo de chica a

la que le gusta estudiar –dijo–. Con esas gafas... No es que sean feas, no me malinterpretes. Eres monísima también con gafas. Jessica, cariño, tráeme la cartera, por favor. Iris, quiero darte un par de dólares por haberme traído la colada.

–No, no hace falta –dije.

Pero dos dólares eran más de lo que tenía en aquel momento. Estaría bien tener un poco de dinero. Y tener algo que hacer fuera de casa. Después de todo, Daisy no estaba mal, aunque me molestaba su forma de hablar de la gente.

–Oiga –dije–, si necesita que le haga algún trabajito, no sé, ir a la tienda, cuidar de los niños...

–¿Haces de canguro? –Levantó la vista del catálogo de Avon que estaba limpiando y me preguntó–: ¿Lo dices en serio?

–Claro –asentí–. Me gustan los niños. Y en casa siempre ayudo a mi madre y hago bien los recados, así que, si necesita algo...

–Ahora no –dijo–, pero ven mañana por la mañana, que seguramente tendré algo que encargarte.

¡Había encontrado un trabajo!

–¡Ha sucedido una cosa increíble! –dije ante la ventana de Will al volver a casa. Tenía que contárselo alguien–. Acabo de ganar dos dólares. Y mañana ganaré más. –Comprobé que el señor Ocasio no estuviera asomado a la ventana, aunque había sido él quien me había dicho que necesitaba tener una ocupación, y continué–: Daisy va a darme trabajitos. ¡Y me paga! Así que, si mañana me oyes ir arriba y abajo, ya sabes que es por eso.

Probablemente había más gente dispuesta a

darme cosas que hacer antes de que empezaran las clases. Pero era preciso que encontrara una solución para Brutus. Sus ladridos me llevaban de cabeza.

Llegué a casa poco después de las tres. Freddy aún no había vuelto, lo que por un lado era una suerte, pues no tenía ninguna prisa en oír sus sermones, pero por otro no, porque prefería que me dijera lo que tuviese que decirme antes de que volviera mamá. Guardé el sujetador en el cajón y pensé que si me encontraba escribiendo en el ordenador cuando llegase se alegraría mucho. Así que me puse a ello.

Las letras de la hilera superior de teclas forman, entre otras, estas dos importantes palabras: «prototipo» y «repertorio». Memorizadlas: prototipo, repertorio.

Cuando habían llegado Anthony y Kevin, todavía no había empezado a escribir; estaba preparándome psicológicamente para hacerlo. En cualquier caso, seguro que no era tan difícil.

PROTOTIPO y REPERTORIO me salieron bien, pero la frase TOMÁS TIENE UN GATO TONTO me salió más o menos así:

TOMSS TIEBNE UIN FATO TONOTO.

Estaba segura de que, si se lo decía a Yolanda y a Luisa, ellas también me encargarían cosas para hacer.

CAPÍTULO NOVENO

BGJTYYR BAWWFFfY
WYWEYEFGGFFOLOY BAFLUFFOL7UY

Pero ¿qué hay que hacer para que las teclas del ordenador hagan lo que tú quieres? ¿Y cómo te libras de las letras sobrantes? Si no pensaba qué dedo debía utilizar, las palabras me salían mejor.

BBUTSRS, BUTSTR BTUSTER BTUSER BUSTER

Buster no era un nombre feo para él. Papá decía una cosa tontísima cada vez que Freddy se quejaba de que lo llamaran Pinky: «Podéis llamarme como queráis, con tal de que no me llaméis tarde para cenar». Estaba segura de que a Fluffy no le gustaba estar en casa de la Señora de los Gatos, si no, ¿cómo se explicaba el hecho de que hubiera venido tantos días seguidos a mi casa? Me preguntaba qué habría pensado Will cuando le había hablado de Fluffy y de la Señora de los Gatos. Me preguntaba a qué hora volvería su padre de trabajar y si le llevaría la pizza.

EL PLATO DEL GATO ESTÁ ROTO. EL TOMATE FRITO SE HA SALIDO DEL PLATO. EL PERRO MASTÍN QUIERE UN CHOCOLATÍN.

¡Eh, estaba mejorando!

–¡Iris, qué maravilla! –Mamá dejó el bolso, se acercó a mí corriendo y me dio un sonoro beso–. Pareces una verdadera profesional, sentada ahí con esa cara de concentración. Estoy muy orgullosa de ti. ¿Lo ves? Ya te decía yo que se te daría bien el ordenador.

No le dije que estaba haciendo todo lo que Mildred decía que no había que hacer, como escribir con las piernas cruzadas o mirar las teclas.

–Mira qué tonto es este libro. Esta es la mujer que lo ha escrito –dije, mostrándole la foto de Mildred sentada ante la máquina de escribir–. Y mira qué dice –añadí, antes de empezar a leer con mi mejor voz estilo Mildred Dornbush:

> Asdfg; lkjh dedc frfv gtgb. Actuad de manera que estas extrañas y breves palabras os obsesionen de día y de noche. Repetidlas continuamente. Pensadlas en vuestros dedos.
>
> Actuad de manera que sean vuestro primer pensamiento cuando os despertéis por la mañana y vuestro último pensamiento antes de dormiros por la noche. Decidlas como si recitaseis una oración.

–¿Y qué es lo que te parece tan tonto? –repuso mamá–. Yo lo veo muy bien.

–Es una idiotez, mamá –repliqué.

Oí abrir la puerta de entrada y dejé de leer. Freddy había entrado y, sin decir una sola palabra, se había ido directo a su habitación.

–¿Qué ha pasado? –me preguntó mamá.

–No tengo ni idea.

No quería que se enterara de lo que había sucedido por la mañana. Me puse a hojear el libro.

En el mundo del trabajo, la timidez no sirve de nada, como tampoco sirven la pereza y la falta de un objetivo. El mapache es un pequeño animalito astuto...

–Vale, sé lo que quieres decir –dijo mamá–. Está un poco anticuado, es verdad. Quizá debería comprarte un programa de mecanografía. ¿Cuánto puede valer? ¿Cuarenta dólares? Podemos gastárnoslos si es para algo útil...

Estaba preguntándome si debía decirle que pronto podría contribuir a comprarlo, cuando apareció Freddy y soltó:

–¡Olvídate de la mecanografía! ¡Si vas a gastarte cuarenta dólares en Iris, cómprale un sujetador!

Mamá se quedó de piedra.

–Pero ¿qué dices? ¡Dedícate a tus cosas y no avergüences a tu hermana!

–¡Ha sido ella la que se ha metido en mis cosas! ¡Y la que me avergüenza! Hoy han venido mis amigos, ¿y crees que me divierte oírlos reírse de ella y de sus...?

–¡Cierra el pico! –grité.

–¡Un momento! –Mamá también se puso a gritar–. Quiero saber qué ha pasado. ¿De qué amigos hablas?

–De Kevin y Anthony –contestó Freddy.

–¿Esos dos idiotas han venido aquí? –preguntó mamá, gritando todavía más alto–. ¿Cómo tengo que decirte que no quiero que salgas con ellos? Iris, dime ahora mismo qué te han hecho esos imbéciles. ¿Qué te han dicho?

Habría montado en cólera si le hubiera dicho la verdad.

–A mí no me han dicho nada.

Era incapaz de mirarla a los ojos. Era incapaz de mirar a ninguno de los dos.

–¡Pero a mí sí! –intervino Freddy–. Les he contestado como se merecían, mamá, pero la culpa no era suya. Si ella no hubiera estado sentada ahí con sus...

–No –lo interrumpió mamá–, no quiero ni oír vuestras idioteces. Esos dos pueden comportarse mal en la calle, pero no en mi casa. En mi casa deben comportarse bien, si no, no volverán a poner los pies aquí. Y a ti te digo lo mismo, ¿entendido?

–Yo me comporto bien –gritó Freddy–. Me comporto muy bien, quizá demasiado y todo. He hecho de todo para defenderla, y ella ni siquiera me da las gracias...

–Gracias, Freddy –dije en voz baja, aunque él estaba demasiado enfadado para oírme.

Mientras Freddy salía de casa dando un portazo, intenté hacer entrar en razón a mamá:

–Él quería ayudarme de verdad. Mamá, abre los ojos, mírame bien. ¡Hasta la señora del 4A se ha dado cuenta de que necesito un sujetador!

10

CAPÍTULO DÉCIMO

No hubiera podido decir nada peor que aquello. No solo mamá repitió palabra por palabra lo que me había dicho la noche anterior, sino que lo repitió como mínimo cinco veces y cada una en un tono de voz más alto que la anterior. Y después me dijo lo que pensaba de las chismosas que meten las narices en asuntos que no les incumben, y añadió, gritando, que si ese era el tipo de personas que vivían en el edificio, entonces no quería que tuviese nada que ver con ellas.

Sabía que sentía haber gritado delante de mí, porque más tarde la oí decírselo a su amiga por teléfono. Pero no oí nada que pudiera hacerme pensar que había cambiado de idea respecto al sujetador y ella no me dijo nada, así que no volví a sacar el tema.

A la mañana siguiente, escribí un poco con el ordenador y después lo dejé encendido para que mamá viera lo que había hecho cuando volviese a casa. Después me puse su sujetador, me asomé a la ventana de delante y, cuando vi que el señor Ocasio salía con la manguera a lavar la acera, me apresuré a subir por la escalera de incendios.

–Soy yo, Brutus –dije–. ¡No hace falta que te pongas hecho una furia cada vez que paso! –Y luego–: Eh, Will, no dispares, soy Iris. Voy a trabajar.

Daisy estaba esperándome.

–Se me acaban de terminar las servilletas de papel –dijo–. Y también necesito queso y sellos.

–¿Le hace falta algo más? –pregunté.

No le podía cobrar por ir a buscarle esas tres cosas. Pero, por otra parte, eso significaba que podría hacer otros encargos. Miré la ventana del señor Ocasio para estar segura de que no había vuelto sin que yo me diera cuenta y después subí al piso de Luisa y Yolanda. Las dos parecieron alegrarse de verme y me dieron sendas listas de cosas para comprar en la tienda.

Al parecer, ofrecerme para hacerles compras había sido una buena idea.

–Soy yo otra vez, Will –dije delante de la cortina de su ventana mientras bajaba–. He recibido el primer encargo. Ya tengo tres clientes. ¿No necesitarás tú también alguna cosa?

No creía que fuera a contestar y, efectivamente, no lo hizo.

El señor Ocasio seguía en la calle; estaba enrollando la manguera. Lo saludé lo más amablemente que pude y le obsequié con una de mis mejores sonrisas.

Nada más entrar en la tienda, Sammy me preguntó:

–¿Sigues interesada en un gato? Porque los he puesto en venta. Por diez dólares, son tuyos.

–No, gracias –contesté, cogiendo una cesta.

CAPÍTULO DÉCIMO

–¿Qué pasa? ¿Ya te has cansado de los gatos, o has encontrado el que buscabas? –preguntó mientras cortaba el queso para Daisy.

–Más o menos –respondí.

Estaba tranquilizándome respecto a Fluffy. Seguía teniéndole mucho cariño y añoraba sus visitas matinales, pero era un alivio saber que estaba bien y que Will no le había disparado un clavo con el tirachinas. Además, ahora tenía otras cosas de las que ocuparme. Por ejemplo, tenía que resolver sin falta el problema del sujetador. Y tenía que pensar en mi trabajo.

–Trabajo para algunas señoras del edificio, les hago la compra –dije, metiendo en la cesta el zumo de manzana para Yolanda, los plátanos y las cebollas para Luisa, y el queso, los sellos y las servilletas para Daisy–. Por favor, ¿puede hacerme tres cuentas separadas? Ah, sí, ¿y cuánto vale un paquete de salchichas de frankfurt?

–Tres dólares con sesenta y nueve.

–¿No hay nada más barato?

–Más barato que eso solo tengo la lata de *würstel*.

–No, eso no me va bien –contesté. Brutus se los comería de un bocado, incluida la lata–. Me llevo las salchichas de frankfurt.

En casa, abrí el paquete de salchichas y subí por la escalera de incendios. Como de costumbre, Brutus empezó a gruñir y a ladrar antes de que llegase a mitad de camino. Como de costumbre, solo estaba abierta la parte superior de la ventana del Hombre Tatuado y di gracias a Dios por haber puesto un cristal entre aquel perro y yo.

–¡Ven, Brutus, tengo una cosa para ti!

Le eché una salchicha por la ventana. Él la atrapó con la boca, se lamió los bigotes y se quedó mirándome.

–Hummm, está buena, ¿eh? –Le di otra, luego otra y luego otra más. Su silencio me costaría un poco caro.

–¿Has oído? –le pregunté a Will mientras subía al cuarto piso–. El dulce sonido del silencio.

Daisy no solo me dijo que me quedara con la vuelta, sino que tenía otro trabajito para mí para esa tarde: cuidar de los niños un par de horas mientras ella iba a la peluquería.

Luisa también había pensado en algunas cosas que encargarme, pero parecían más favores que cosas por las que pudiese cobrarle. Cambié la bombilla de encima del fregadero. Me subí a una silla y cogí una sopera que ella no había podido bajar. La ayudé a abrir un bote de mermelada. Después me hizo pasar a su habitación para que la ayudara a buscar un pendiente que había perdido hacía días y, mientras tanto, me enseñó fotos de su difunto marido, de sus hijos y de sus nietos, y la colcha y las fundas de cojines que había bordado antes de que la artritis le hiciera polvo las manos.

Mientras me arrastraba por el suelo buscando el pendiente, que al final encontré debajo de la cómoda, me dijo:

–¿Sabes quién me hacía antes estas cosas? ¿Y quién me ayudaba a regar las plantas y a limpiar la pecera, antes del accidente...?

–¿Se refiere a Will? –No estaba segura de haberla entendido bien.

–Sí. Y si recibía una carta importante, como las de la seguridad social o la compañía de seguros, él me las traducía al español.

–¿Will? –Me levanté–. ¿Will habla español? Pero él no es español, ¿verdad? No he oído nunca que alguien de origen latinoamericano se llame Will.

–El nombre lo escogió su padre, pero su madre era de Santo Domingo.

–No lo sabía. –No podía creer que Daisy no me lo hubiera dicho–. Si quiere –añadí–, yo puedo traducirle lo que necesite.

Volvimos a la cocina y me dio una carta.

–Esta llegó la semana pasada –dijo–. Es del casero. Le pregunté a Yolanda qué decía, pero me dijo que la había tirado sin siquiera abrirla. Dijo que no quiere saber nada de ese tacaño «comemierda» de casero por lo menos hasta que haya hecho reparar el ascensor.

Aquella carta parecía escrita por la doctora Mildred Dornbush en persona.

Hemos sido informados de algunos problemas referentes al edificio en el que viven... Les rogamos que tengan presente que nos esforzamos por mantener las elevadas condiciones a las que estaban acostumbrados en el pasado. No obstante, debemos informarles de que, por desgracia, en el futuro no será posible mantener dichas condiciones y hacer frente al mantenimiento del edificio sin la colaboración de todos los inquilinos. En lo que se refiere a las tuberías, estamos al corriente de que muchos inquilinos persisten en tener animales domésticos –a pesar de que su contrato de alquiler lo prohíbe expresamente– y en arrojar los excrementos de dichos animales por la instalación hidráulica común, provocando así frecuentes atascos...

Sabía cómo se decían en español una o dos palabras de la carta, pero no sabía cómo traducir exactamente la mayoría de las demás, así que le hice una especie de resumen y le pregunté:

–¿A qué se refiere?

Luisa frunció el entrecejo.

–A esa pobre Señora de los Gatos. Deberían dejarla en paz y preocuparse de arreglar el ascensor. Por cierto, ¿qué dice del ascensor?

Seguí leyendo:

... peligroso y perjudicial para la salud... en violación de la normativa sanitaria... si ustedes, los inquilinos, pueden ejercer presión, nosotros, por nuestra parte, nos veremos obligados a tomar medidas... si tienen preguntas, diríjanse al representante de la administración, el portero, señor Héctor Ocasio...

–¡Nada! –dije–. ¡Ni una palabra!

Me arrebató la carta de las manos, la estrujó y la tiró a la basura.

–Yolanda tiene razón. No vale ni el papel en el que está escrita.

Quería preguntarle más cosas de Will, pero sonó el teléfono. Y cuando llegué a casa de Yolanda con la compra, sus hijos estaban peleándose, así que tampoco pude preguntarle a ella. Pero me dijo que si al día siguiente iba a la lavandería automática a hacerle la colada, me daría unos dólares.

–¡Estoy en misión oficial! –le dije a Will mientras bajaba.

No me contestó, por supuesto, pero estaba demasiado contenta para preocuparme por eso.

Si consiguiera ganar... pongamos cinco dólares esa tarde, cuidando a los niños de Daisy, y dos más al día siguiente, con la colada de Yolanda, y si continuara igual toda la semana, en breve tendría bastante dinero para comprarme el sujetador. Quizá incluso dos sujetadores.

Eso si no me lo gastaba todo en salchichas de frankfurt.

Después de la primera mañana, le di a Brutus las salchichas de una en una. No estaba entusiasmado con este recorte, pero había dejado de ladrar y, teniendo en cuenta que pasaba por delante de su ventana por lo menos cuatro veces al día, desde luego no tenía motivos de queja.

Siempre había algo que Daisy necesitaba de la tienda. Además, el primer día que me había quedado con sus nietos había ido tan bien, que me había preguntado si podía hacerles de canguro al menos una hora al día para que ella pudiera hacer gimnasia sin que se le subieran encima. Los niños lloriqueaban un montón, pero la cosa iba bien. Raymond y Andy, los hijos de Yolanda, me gustaban mucho más, y Yolanda siempre me pedía que me quedara con ellos una media hora para poder estar un rato tranquila. Y Luisa necesitaba mi ayuda para muchas pequeñas cosas que no podía hacer sola.

No es que me gustara hacer recados y trabajitos para todos, entre otras cosas porque me ocupaban un montón de tiempo que debería pasar haciendo las cosas de la lista de mamá. Pero la verdad es que no me pesaba hacer lo que hacía y estaba realmente contenta de cómo iban las cosas, y no solo porque estaba reuniendo un buen puñado de dinero, sino sobre todo porque me había dado cuenta de que todos me encontraban simpática y me querían. Todos salvo tal vez el Hombre Tatuado, con el que no me encontraba nunca, y evidentemente el señor Ocasio, cuyos horarios ahora conocía a la perfección, lo que me permitía subir y bajar por la escalera de incendios sin que se enterase. Y probablemente tampoco le gustaba a Will, aunque seguía saludándolo y contándole lo que hacía cada vez que pasaba por delante de su ventana.

Una vez vi moverse la cortina. Otra vez oí un crujido, como si estuviera abriendo una bolsa de patatas. Otra oí voces, pero la ventana estaba cerrada y no conseguí saber si eran él y su padre discutiendo, o la radio. Nunca le vi disparar de verdad a las palomas con el tirachinas, pero un par de veces, nada más salir y empezar a subir por la escalera, las vi alejarse volando en desbandada. Un día vi a su padre salir del edificio, o por lo menos estaba prácticamente segura de que era él. Lo reconocí por los pantalones verdes de trabajo y por su expresión sombría.

CAPÍTULO DÉCIMO

Al principio me preguntaba por qué me empeñaba en hablar con Will cada vez que pasaba, pero después se convirtió en una costumbre, como darle a Brutus la salchicha, comprobar que el señor Ocasio no estuviera en la cocina antes de pasar por delante de su ventana y estar atenta por si veía a Fluffy, en caso de que hubiera conseguido escaparse de la casa de la Señora de los Gatos. Era una época realmente buena, la mejor desde que nos habíamos trasladado desde el Bronx. Hasta había encontrado un nombre para mi negocio: ¡LLAMAD A IRIS!

11

CAPÍTULO UNDÉCIMO

–¡Freddy! –dije a voz en grito–, ¿«estar hasta el gorro» es una expresión fea?

Estaba sentada en la cama con papel, bolígrafo y varios rotuladores esparcidos a mi alrededor.

Freddy entró, se apoyó en la pared y bebió un sorbo de la lata que tenía en la mano. No habíamos hablado mucho después de aquel episodio de Anthony y Kevin.

–¿Por qué? ¿Para qué quieres saberlo?

Le enseñé una hoja en la que ponía:

¿ESTÁIS HASTA EL GORRO
DE LAS TAREAS DOMÉSTICAS?
¿ODIÁIS FREGAR LA ESCALERA?
¿NECESITÁIS AYUDA CON LOS NIÑOS
O CON LA COMPRA?
NO VOLVÁIS A DECIR:
«¡NO PUEDO PERMITÍRMELO!».
¡LLAMAD A IRIS!

–¿Qué te parece? –le pregunté a Freddy.

Él no sabía que mi negocio ya estaba en marcha. Solo salía a la escalera de incendios cuando él no estaba en casa, cosa que últimamente ocurría cada vez con más frecuencia, y en los momentos en que pensaba que mamá no telefonearía.

–Quiero hacer unas cuantas copias y meterlas por debajo de la puerta de los pisos del edificio.

Freddy miró mi anuncio.

–No está mal –dijo–. ¡Llamad a Iris! Me gusta. ¡Fabuloso!

–Entonces, ¿no crees que «estar hasta el gorro» es demasiado fuerte?

–No. Pero ¿crees que te llamará alguien?

–Ya lo han hecho –dije–. Ya hace una semana que el negocio funciona: cuidar niños, hacer recados, cualquier cosa.

–¿De verdad?

–De verdad.

Me gustaba cómo me miraba. Como si estuviera impresionado. Y como si por fin hubiera dejado de estar enfadado conmigo.

–¿Y ya has ganado dinero?

Asentí.

–¡Me tomas el pelo! –Parecía más impresionado aún–. ¿Y no me has dicho nada? A ver, ¿cuánto has ganado?

–No mucho –contesté–. Descontando las salchichas de frankfurt... siete dólares. Además, no le cobro a todo el mundo. Hay una señora, Luisa, a la que no le cobro nada. Pero tengo que llegar por lo menos a veinte dólares antes de que empiecen las clases, así que necesito más clientes.

–No te embales –dijo él–. ¿Qué significa «descontando las salchichas de frankfurt»?

–Son para el pitbull del Hombre Tatuado –le expliqué–. Es una larga historia.

A decir verdad, historias para contar había unas cuantas.

–Vale –dijo Freddy. Estrujó la lata que tenía en la mano, ya vacía, la lanzó a la papelera que estaba en la otra punta de la habitación y se sentó a mi lado–. ¿Y cómo piensas encontrar clientes nuevos?

–No sé. A lo mejor podría enseñarle a Cuca a decir: «¡Llamad a Iris!» y hacerla volar por los pisos de los inquilinos repitiéndolo.

–¿Quién es Cuca?

–El loro del quinto.

–¿Una larga historia?

Asentí.

–Podrías hacer un anuncio de esos con muchos papelitos que se pueden arrancar con tu número de teléfono y ponerlo al lado de los buzones.

–No, mamá lo vería enseguida.

–¿No lo sabe?

Lo miré.

–Si estuvieras en mi lugar, ¿se lo dirías?

–No. Entonces, ¿cuál es el plan B? ¿Un buscapersonas? Perdona, pero no puedes decir «¡Llamad a Iris!» y no indicar una manera para que te llamen. Y otra cosa, ¿cuánto piensas cobrar?

–¡No lo sé! Por eso te he pedido ayuda –dije–. Solo sé que no puedo pasarme la vida poniéndome el sujetador viejo de mamá. Y en vista de que no tiene ninguna intención de comprarme uno...

¿Por qué de repente se hizo el silencio?

CAPÍTULO UNDÉCIMO

Subrayé «GORRO». Añadí un par más de signos de interrogación.

–Este papel es muy fino –dijo Freddy–. Voy a buscarte otro.

Cogió un paquete de folios de su cuarto y nos pasamos el resto de la tarde escribiendo los anuncios, uno para cada piso del edificio y unos cuantos más de reserva. Añadimos el número de teléfono y el horario en el que se podía llamar, desde las nueve de la mañana hasta las cuatro de la tarde, y Freddy dijo que me ayudaría a meterlos por debajo de las puertas. No veía la hora de empezar.

Pero aquella noche mamá se encontraba mal cuando volvió de trabajar, y al día siguiente Graciela la mandó a casa porque decía que no podía servir los platos estornudando y tosiendo. Así que estuve tres días atrapada.

A algunas personas les gusta estar enfermas porque pueden dormir, leer y ver los seriales de la tele. Mamá no es una de ellas. Tener que guardar cama la pone negra. Además, estaba de un humor de perros porque papá había empezado a llamarla al trabajo y a decirle que necesitaba verla y hablar con ella. Y ahora también la llamaba a casa.

«No, no necesito que vengas a cuidarme, lo sabes perfectamente, Pink», le dijo.

El verdadero nombre de papá es Arthur, pero ni siquiera la abuela Lillian lo llama así.

«Si vienes, al final seré yo quien tenga que cuidarte a ti, por eso no quiero tenerte cerca. Así que, muchas gracias, pero no», la oí decirle un montón de veces en vano, porque él seguía llamando.

Cada vez que sonaba el teléfono, iba corriendo a la cocina y levantaba el auricular un segundo después que ella para escuchar lo que se decían. Esperé mil veces que él le preguntara por mí o le dijera que quería hablar conmigo, pero lo máximo que decía era: «¿Cómo están los chicos? ¿Todo va bien con los chicos?». A lo que ella respondía que todo iba de maravilla y ahí acababa la historia.

–Entonces, ¿va a ir a verte o no? –oí una vez que Graciela le preguntaba a mamá. Sí, porque había empezado a escuchar también las conversaciones entre ellas.

–No, le he dicho que por aquí no venga –respondió mamá–. Tú sabes tan bien como yo que no se puede confiar en ese hombre. A lo mejor dice que me trae caldo de pollo y después se presenta con una pizza, o llega al cabo de un mes con polvos de talco, o simplemente no aparece...

Oh, oh... Me picaba la nariz. Iba a estornudar. Intenté aguantar, pero no pude:

–¡Aaachís!

–Iris, cuelga inmediatamente –ordenó mamá–. Esto no es asunto tuyo.

Pero lo era, y a partir de entonces procuré levantar el auricular lo más lentamente posible y me tapaba siempre la boca y la nariz con una mano. Precisamente escuchando aquellas conversaciones había llegado al convencimiento de que, si esperaba que mamá me comprase el sujetador, podían salirme canas. Aquello era indiscutiblemente asunto mío.

En un momento dado, mamá se dio cuenta de

que desde el sofá cama del salón, donde dormía, veía perfectamente la pantalla del ordenador.

–Iris, ven aquí –me llamó–. ¿Hacemos unas prácticas de mecanografía?

–¿Es necesario?

–¿Tienes algo mejor que hacer?

Con ella por allí, no, desde luego.

Asdfg; lkjh decd frfv gtgb
Asdfg; lkjh decd frfv gtgb

GO4RRO TARESS D9,ESTICAX
EL PLATO ESTÁ ROTO

Mamá parecía creer que, si aprendía a escribir con el ordenador, todos mis problemas desaparecerían como por arte de magia, que era justo lo que pensaba yo sobre el sujetador.

El mappacche, es uma; pequeñña criatatursa pelluida y muuy limnpia

–¡Odio este libro! –dije–. Me está volviendo loca.

–Vale, vale –dijo mamá–. Te prometo que, en cuanto se me pase la fiebre, te consigo algo mejor.

La señora George Grunt es una amiaga de la señora Ezra Q. Bixby, JR
La señora quilliam W;. Mollidmiloopi llevabam su nueva nuevo sombrerioto azul en la comieda.

El hoimbre de negocios de exiitio es un seor bien edcuado, bine vestiodo que cuidaa toddos los detralles..

–¿La señora Ezra Q. Bixby? –dije–. ¿Un hombre? –Leí las frases en voz alta–. Este libro es machista. Todavía llama a las mujeres con el nombre del marido. Me niego a escribir estas cosas. Son de la Edad Media.

Me di cuenta de que estaba de acuerdo conmigo porque al final cedió y dijo:

–Está bien, tú ganas. ¿Quieres hacer algo útil? Ve a comprar zumo de naranja y mira a ver si por casualidad Sammy tiene algo para el resfriado.

Estaba tan contenta de haberme librado de aquello que casi no me importaba que el sujetador estuviera en su cajón, un lugar de donde en ese momento no podía cogerlo. Me puse encima una camisa enorme y bajé a la tienda.

–Iris, a ver si adivinas quién acaba de estar aquí –me preguntó Junior al verme–. La loca. La Señora de los Gatos. Deberías haber visto el sombrero que llevaba hoy...

–Sí, y él le ha preguntado: «¿Qué es eso, señora? ¿Su sombrero *tutti-frutti*?» –dijo Sammy–. Porque llevaba racimos de moras, de cerezas, de uva... Y ella le ha dicho que era su sombrero de la buena suerte.

–«Muchacho, debes saber que cuando llevo este sombrero siempre suceden cosas agradables» –dijo Junior, imitando la voz de la Señora de los Gatos–. Eso me ha dicho.

–Sí, y después le ha pedido que le suba veinte kilos de arena para las bandejas de los gatos...

–Sí, y le he contestado: «Por supuesto, señora, ningún problema. En cuanto arreglen el ascensor, se los subo». Y entonces va ella y me dice: «Si me los subes por la escalera, te doy una clase de piano gratis».

Sammy se partía de risa.

–Eso es porque, una vez que Junior le subió la compra, estaba tocando el piano y...

–Y cometí el error de preguntarle qué tocaba y me dijo: «Esto es Mozart, muchacho, el gran Wolfman», o algo parecido, «Mozart. ¿Te gusta Mozart?».

No paraban de reír.

–Podría ofrecerme a llevarle yo la arena –dije.

–¡Pues más vale que te pongas una pinza en la nariz! –exclamó Junior–. O una máscara antigás.

–Deberías llevarte un tarrito de raíz del gato –sugirió Sammy–. Por lo visto, a los gatos les encanta esa hierba.

–Buena idea –dije, y fui a coger uno, que me costó dos dólares con veintinueve. Debieron de pensar que me faltaba un tornillo. Pero a lo mejor así conseguiría otro trabajito para «¡Llamad a Iris!». Y al mismo tiempo podría ver a Fluffy. Además, no tenía que subir sola. Freddy me había prometido que me ayudaría a repartir los anuncios.

Nada más volver a casa, añadí dos líneas a todos:

¿TENÉIS QUE TRANSPORTAR PAQUETES PESADOS?
¿NECESITÁIS A ALGUIEN QUE SE OCUPE DE
VUESTROS ANIMALES?

Más difícil fue esperar que mamá volviera al trabajo para poner en práctica mi plan. Pero finalmente se curó y empezó de nuevo a trabajar.

Había repartido los anuncios sobre la mesa de la cocina y estaba dando los últimos retoques mientras esperaba que Freddy se levantara y viniera a echarme una mano, cuando oí unos fuertes golpes que venían de arriba: bum, bum, bum. Y al cabo de un momento, otra vez: bum, bum, bum.

Primero pensé que quizá el señor Ocasio estaba reparando las tuberías de la cocina de Will. Pero parecía más bien que alguien estuviera golpeando muy fuerte el suelo. ¿Y si Will se había caído de la silla de ruedas y estaba arrastrándose por el suelo? Los golpes habrían sido menos fuertes, más amortiguados. Estos, en cambio, eran fortísimos: ¡bum, bum, bum!

Después recordé que le había dicho a Will que golpeara el suelo si me necesitaba.

Me puse el sujetador de mamá y subí corriendo por la escalera de incendios. Brutus se puso a gemir. No podía creer que no le hubiera llevado una salchicha. «La próxima vez será, Brutus.»

Cuando llegué al rellano de Will, la ventana estaba abierta y la cortina subida. Miré hacia el interior, pero fuera la luz era tan intensa que apenas veía nada. Con el corazón desbocado, entré por la ventana.

–Will... –llamé. Allí dentro olía que apestaba–. Will, ¿estás bien?

–¿Por qué has tardado tanto? –me preguntó

mientras entraba en la cocina–. He dado miles de golpes. Ya iba a dejarlo.

–¿Estás bien? –le pregunté. Parecía que estaba bien, o al menos no peor que las otras veces que lo había visto–. ¿Qué ha pasado? ¿Algo va mal? Habla...

–No, nada –dijo–. Lo que pasa es que he pensado que a lo mejor querías saberlo: he visto a tu gato.

12

CAPÍTULO DUODÉCIMO

–¿Estabas dando golpes por eso? –pregunté–. ¡Y yo que creía que era una emergencia!

–Bueno –dijo él–, no parabas de subir y bajar por la escalera de incendios y de repente dejaste de hacerlo. Quería saber qué había pasado. ¿Ya has ganado bastante dinero, o es que has decidido dejarlo?

–No tengo ninguna intención de dejarlo.

Eso no respondía a la pregunta.

–Entonces, ¿qué problema había?

–No podía salir –dije–. Mi madre estaba en casa, enferma, y ella no sabe que subo. No le gusta que hable con la gente.

–A mi padre no le gusta que hable ni siquiera con él –repuso Will.

Aquella casa apestaba a colillas, y ese olor se mezclaba con el de sopa de bote y leche agria típico de los comedores escolares. No era tan fuerte como para tener que taparse la nariz, pero una buena rociada de ambientador resultaba más que necesaria. Había sobras de espaguetis en la pila de platos amontonados en el fregadero, una bandeja de aluminio con restos de tarta de limón en la encimera, una caja de pizza vacía y, en un rincón, latas que sobresalían de la bolsa de la basura.

Por lo menos, Will parecía aseado. El pelo le caía sobre los ojos, como de costumbre, pero se notaba que se había lavado, y llevaba una camiseta limpia y unos pantalones marrones. Hasta entonces no había tenido ocasión de mirarle bien las piernas. Me había preguntado qué aspecto tendrían e incluso si tenía. Resultó que sí tenía, y eran unas piernas completamente normales; lo único raro era que estaban torcidas.

–¿De verdad has visto a Fluffy? –le pregunté.

–Sí, hace unos minutos.

Se acercó a mí. La otra vez que lo había visto tan de cerca tenía una expresión tensa y de desafío, como si por su cabeza solo pasaran pensamientos malos. Pero ahora era distinto. Aún no sonreía, pero su expresión había cambiado.

–Estaba justo aquí –dijo–, esperando que una paloma se acercara lo suficiente para darle, y... ¿ves aquella rama grande? –añadió, señalando el árbol con el dedo–, pues ha empezado a balancearse como si hubiera algo encima. Al principio creía que era una ardilla. Después he visto que era Fluffy. Parecía que estuviera cazando. O que quisieran atraparlo a él. ¡Tendrías que haberlo visto correr por encima de la rama! Después ha saltado a la rama de abajo y se ha tirado de cabeza. ¡En mi vida había visto a un gato hacer una cosa así! A lo mejor es verdad que la Señora lo tenía prisionero, pero te aseguro que ahora está libre como el viento. ¡Ostras! ¡Ese gato es un acróbata!

–Entonces me escuchabas cuando te hablaba por la ventana –dije–. ¡Lo sabía!

–Y aunque no lo hubiera hecho –repuso–, del nombre del gato me habría enterado, con la cantidad de veces que te he oído llamarlo: «Bsss... bsss... bsss... Fluffy... ven aquí, gatito. ¡Fluffy, Fluffy! ¿Dónde estás, bonito?». –Me imitó tan bien que no pude por menos de echarme a reír–. Tu balcón está justo aquí abajo, ¿recuerdas? –añadió.

Reí de nuevo al oír que llamaba balcón a la escalera de incendios, como si viviéramos en Park Avenue o en una mansión.

–En cualquier caso, no lo he visto volver, así que, si quieres encontrarlo, tienes que ir enseguida al callejón. Puedes pasar por mi casa. Es más rápido que volver a la tuya y bajar desde allí. Esperemos que no se haya ido.

Se dirigió a la otra habitación y yo lo seguí. La silla de ruedas no era de esas grandes con motor que se ven a veces por la calle. Tenía que empujarla él mismo con las manos.

–Es mi cuarto, por si estabas preguntándotelo –dijo.

–Está justo encima del mío –comenté.

Su habitación estaba más ordenada que la mía. Había una litera, y la cama de abajo estaba hecha, mientras que la de arriba solo tenía el colchón. ¿Había sido de su hermano, o Will dormía allí antes del accidente? En la mesa había un ordenador encendido, en cuya pantalla se veía un juego, un montón de libros y una pila ordenada de revistas. La cama de la siguiente habitación parecía que no se hubiera hecho hacía semanas. Había ropa y periódicos por el suelo, un cenicero apestoso y un par de vasos sobre la cómoda con restos de un líquido marrón, probablemente alcohol. El salón estaba más ordenado, quizá porque no lo utilizaba nadie, y los muebles eran bastante bonitos, aunque allí también habría hecho falta ambientador.

Will abrió la puerta de la entrada y se apartó para dejarme pasar, pero, justo cuando iba a salir, exclamó:

–¡Anda! Acabo de acordarme de que al callejón solo se puede acceder desde el sótano, y que sin ascensor no hay manera de llegar al sótano...

Yo estaba desilusionada, pero él lo parecía mucho más. Parecía desilusionado y rabioso.

–No importa –dije–. A lo mejor Fluffy ya no está en el callejón. –Él empezó a despotricar–. No te preocupes –lo tranquilicé–, todo el mundo dice que debo olvidarme de ese gato ahora que sé que está bien.

–Sí, y además ahora tienes a Brutus. Con todas las salchichas que le das, debe de quererte con locura. Menudo olor deben de hacer tus bolsillos...

–¿Te he dicho yo lo de las salchichas?

Se puso a hacer de nuevo su imitación de Iris:

–«Hola, perrito. Buen chico... Está bien, te daré otra salchicha, pero solo una, ¿de acuerdo? No, hoy no te doy las seis. Bueno, vale, pero es la última.»

Hice una mueca.

–¿Tan tonta soy?

–¿Cuántas le das? –me preguntó con su voz normal.

–Una cada vez que paso.

–¿Una al subir y otra al bajar?

Asentí.

–¿Y cuántas veces pasas al día? No, espera, ya sé cuántas veces pasas. Menuda suerte tiene ese perro. Lo estás malcriando.

–Tenía que hacer algo para evitar que se pusiera hecho una furia cada vez que me veía –dije–. Estoy intentando poner en marcha mi negocio «¡Llamad a Iris!». ¿Qué otra cosa podía hacer?

–¿No has oído hablar de las galletas para perros? Brutus es un perro, ¿no? Los perros comen comida para perros. Las salchichas son para las personas.

Estaba apareciendo en su rostro la expresión amargada y tensa que conocía, la de alguien capaz de matar una paloma.

Primero pasa totalmente de mí, luego hace todo lo posible por encontrar mi gato, como si fuéramos viejos amigos, y casi consigue caerme bien, y después vuelve a enfadarse con el mundo. No entendía nada.

Un momento: había despotricado un montón contra el ascensor. Ahora lo entendía.

–¿Cómo te las arreglas para salir sin ascensor? –le pregunté, tratando de no mirarle las piernas.

–No salgo. –Tenía la misma expresión que Freddy cuando hablaba de papá–. A no ser que me baje mi padre...

–Ah.

Que el padre de Will te bajara en brazos por la escalera no me parecía una cosa muy agradable. Claro que probablemente quedarse recluido en casa era mucho peor. Yo sabía algo de estar recluida en casa.

–No sé qué haré cuando empiecen las clases –dijo.

–¡A mí no ir a clase me parecería fantástico! –exclamé–. Si pudiese dejar de ir, no me sabría nada mal.

Enseguida me di cuenta de que había metido la pata. Pero ¿qué había que decir para no meterla? ¿Cómo debía comportarme con él? ¿Debía fingir que no había notado que estaba inválido? Probablemente, ni siquiera debía decirse «inválido». ¿Tendría dolores? ¿Y cómo se las arreglaría para ir al baño? ¿Y cómo se encontraría en el colegio? La cabeza me rebosaba de preguntas que no podía hacerle.

–¿Para qué sirve «¡Llamad a Iris!»? –dijo al cabo de largos minutos de silencio.

–Para cualquier cosa –respondí–. Si alguien necesita algo, aquí estoy yo. –Ahora tenía una expresión totalmente ausente–. Bueno, voy a tener que irme –dije–. Tengo que ver si mi hermano se ha levantado y vamos a repartir los anuncios...

Cuando llegué a casa, Freddy seguía en la cama. Estaba pensando ir sin él cuando oí de nuevo unos golpes procedentes del suelo de casa de Will.

No tenía muchas ganas de volver a verlo, por lo menos no tan pronto. Pero quizá había encontrado a Fluffy...

Brutus no podía creer que hubiera subido otra vez con las manos vacías.

–Oye... –Will tenía otra vez una expresión

hostil y de enfado, pero ahora parecía también un poco nervioso. Nervioso o tímido–. Tenemos galletas para perros. Puedes cogerlas si quieres.

No había dicho nada de Fluffy.

–¿No se enfadará tu padre? –le pregunté.

–Le diré que me las he comido yo –dijo–. Total, no creo que vayamos a tener otro perro. No se dará ni cuenta.

Abrió el armario metálico que estaba al lado del fregadero y vi que dentro había paquetes de pasta, platos precocinados, botes de sopa y una gran caja azul de galletas para perros. La sacó. PARA PERROS GRANDES, ponía.

Me había jurado a mí misma que no le preguntaría nada más, pero fui incapaz de contenerme.

–¿Qué perro tenías?

–Era una hembra, un caniche enano. Era de mi madre. –Agitó la caja–. Está casi llena, llévatela.

Se acercó a la ventana y me la dio.

–Gracias –dije.

–De nada –contestó–. Si vuelvo a ver a Fluffy, ¿te aviso?

–Claro que sí –dije–. Pero solo si es antes de las cuatro, porque a partir de esa hora mi madre está en casa. –Luego se me ocurrió una idea–. Oye –dije, aunque sabía que a lo mejor se enfadaba–, estaba pensando en lo que has dicho de las salchichas...

–¿Qué pasa?

–Pues que me quedan algunas en casa. Podría subirlas y nos las comemos juntos.

13

CAPÍTULO DECIMOTERCERO

–¡Puaf, aquí hace un pestazo insoportable! –Freddy se daba aire con las manos–. ¿Cuándo fue la última vez que alguien limpió esto?

–¿A ti por qué te parece que no subo nunca por aquí? –le pregunté–. ¿Por qué crees que utilizo siempre la escalera de incendios?

–Yo no voy, Iris –dijo–. Huele muy mal.

–Tápate la nariz. Vamos, Freddy, por favor –le supliqué–. Llevo esperando desde el viernes para hacer esto. Necesito más clientes para poder comprarme el sujetador. Me acompañarás tú a comprarlo, ¿verdad?

–De eso nada –sentenció–. Ni lo sueñes.

–Tienes que ocuparte de mí y acompañarme a donde necesite ir –le recordé.

–¡Pero no a comprar un sujetador! He dicho que no y es que no –insistió, mientras negaba con la cabeza–. Repartiré contigo los anuncios, pero lo otro es cosa de mujeres y no quiero saber nada.

–Vale, vale –dije, en parte porque no tenía sentido insistir antes de haber reunido el dinero.

Metí un anuncio por debajo de la puerta del Hombre Tatuado.

–He decidido ser valiente y darle uno a él también, a pesar de que me odia.

Freddy señaló el 3B.

–¿Y aquí quién vive?

–Un chico que se llama Will.

–¿Él también te odia?

–No.

De hecho, me había parecido que Will se alegraba mucho cuando le propuse comernos juntos las salchichas que me quedaban.

–Creo que somos amigos, pero no estoy segura del todo –le dije a Freddy.

De todas formas, aunque fuéramos amigos, no había ninguna esperanza de que su padre me encargara algún trabajito, así que no le dejé anuncio.

Decidí no desperdiciar tampoco uno con el señor Ocasio.

–Soy valiente, pero no idiota –le dije a mi hermano.

Cuando llegamos al último piso, aún no había decidido si llamar a la puerta de la Señora de los Gatos era un gesto valiente o idiota. Oía el sonido de un televisor salir del piso de enfrente del suyo. Sabía que allí vivía alguien llamado J. Gordon porque lo había leído en el buzón de la entrada, pero nadie me había hablado de él o ella.

–Vamos primero a este –le dije a Freddy–. No te apartes de mi lado.

Llamé al timbre de J. Gordon, que resultó ser un anciano que llevaba una gorra de béisbol de los Yankees y unas gafas de gruesos cristales amarillos.

Según papá, el «contacto visual» es el secreto del representante de éxito. En realidad, ni yo era una representante ni papá había tenido nunca éxito, pero...

–Buenos días, señor Gordon –dije, mirándole directo a los ojos–. ¿Por casualidad necesita algo de la tienda? ¿O ayuda para hacer algún trabajito?

–Si no habéis venido a reparar el ascensor, no me interesa –dijo–. Hoy es mi día de descanso, así que ya tengo la compra hecha.

–Bueno, si alguna vez necesita algo...

Le di un anuncio desplegando una sonrisa a lo Mildred Dornbush. Él lo leyó.

–¿Cuál de los dos es Iris?

–Yo –me dio tiempo de decir antes de que cerrara la puerta.

–O está ciego, o se hace el gracioso –dijo Freddy, resoplando–. Vámonos.

–No, espera.

Toqué el tarrito de raíz del gato que llevaba en el bolsillo y pulsé el timbre de la Señora de los Gatos. Esperamos. Acerqué una oreja a la puerta. Nada. Unos maullidos. ¡Riiing! Llamé de nuevo.

Se abrió la mirilla. Le hice señas a Freddy para que se apartara de modo que la anciana no pudiera verlo.

–¿Quién es? –preguntó con su voz chillona.

–Soy Iris –me presenté–. Iris Pinkowitz, la niña del 2B –añadí, para dejar claro que no era el inspector de sanidad ni el diablo en persona.

–¿Niña? –dijo Freddy, arqueando una ceja.

Le tapé la boca.

–Ayudo a los vecinos.

–No necesito ayuda –contestó ella.

–También quería decirle –proseguí– que me gustan sus gatos.

Oí tintinear la cadenita de la puerta y la cerradura inferior hizo un ruido seco. Después identifiqué el ruido de la llave y la puerta se abrió unos quince centímetros.

–Atrás, pequeños –dijo–. Podríamos tener problemas.

Miré a Freddy y él se escondió.

La anciana llevaba el mismo vestido con el que la había visto y también el mismo broche, y el pelo, gris y rizado, recogido en trenzas enrolladas formando un moño alto. No llevaba sombrero, lo que me pareció una buena señal. Quizá no era verdad que iba siempre con guantes y sombrero.

–¿Cómo es que conoces a mis gatos? –preguntó, frunciendo el entrecejo.

Activé el contacto visual.

–A veces los veo en la escalera de incendios cuando vengo a ayudar a Luisa y a Yolanda. –¿Era posible que no se acordase de mí? ¿Era mejor así, o se trataba de otro indicio de que estaba loca?–. Pero al único que conozco de verdad es a... Buster Brown.

–¿Buster Brown? –Echó una mirada hacia el interior del piso–. ¿Y qué quieres de Buster Brown?

–Nada –dije–. Es un gato fantástico, me gusta un montón. Pero...

–Pero ¿qué? ¿Qué trastada ha hecho Buster esta vez?

–Ninguna.

–Ese gato me ha causado muchos problemas –me contó–. Con el portero, con el vecino, y la semana pasada ese maleducado del 3A que tiene ese horrible perrazo me dijo que, si volvía a ver rondando a Buster Brown, si no lo encerraba con llave, cosa que estoy haciendo...

Aquello era muy extraño.

–Pero ¿Buster está ahora encerrado con llave?

Miró de nuevo hacia dentro.

–Espero que sí por su bien.

Menos de una hora antes, Will me había dicho que lo había visto pasar.

Le di un anuncio. Ella se sacó unas gafas del bolsillo y se las puso.

–¿ESTÁIS HASTA EL GORRO DE LAS TAREAS DOMÉSTICAS? –leyó.

Sonaba de lo más ridículo leído con aquella voz estridente que parecía la de Cuca, pero no me reí. Había recordado que el padre de Will lo había acusado de llamarlo al buscapersonas para hacerlo salir del trabajo y volver a casa. Quizá Will no había visto a Fluffy de verdad. Quizá había mentido.

–¿ODIÁIS SUBIR LA ESCALERA? –continuó leyendo la anciana–. ¿NECESITÁIS AYUDA CON LOS NIÑOS? ¿O CON LA COMPRA? NO VOLVÁIS A DECIR: «NO PUEDO PERMITÍRMELO». ¡LLAMAD A IRIS! Hummm...

Se quitó las gafas y me miró de arriba abajo.

–¿Y tú eres Iris?

–Sí. Puedo hacer tareas domésticas, ayudarla con los gatos, subirle la compra o bajarle la basura...

Ella frunció el entrecejo.

–No, gracias. Mis pequeños y yo nos las arreglamos muy bien solos.

–Comprendo –dije–. De todas formas, a lo mejor le gusta esto. –Me saqué del bolsillo el frasquito de raíz del gato–. No tengo gato, así que no me sirve de nada.

Al principio creí que no iba a quedárselo, pero, después de haberlo mirado con recelo y leído atentamente la etiqueta, haberlo abierto y olido, lo aceptó.

–A mis pequeños les gustará –dijo, y acto seguido cerró la puerta.

–¡Lo he conseguido! ¡He conocido a la Señora de los Gatos! –Le di a Freddy una palmada en el hombro mientras bajábamos la escalera–. No da ningún miedo como dicen todos. Por lo menos, no como...

Un perro negro pasó por nuestro lado, bajó dos tramos más de escalera y después levantó una pata.

–¡Eh, tú, para ahora mismo! –le gritó Freddy–. ¡Mira, Iris, está haciendo pipí! No me extraña que esto huela tan mal. Ese perro utiliza el edificio como retrete personal.

Miramos hacia arriba. La puerta del señor Gordon estaba abierta.

–Voy a decirle dos palabras a ese tipo –masculló Freddy.

–No, espera un momento –dije–. Tratemos de

no hacerlo enfadar, ¿vale? Pensemos un momento antes de actuar.

–¿Para qué? ¡Es un idiota! –Después se le iluminó la cara porque había entendido lo que tenía en mente–. Muy bien, Iris. Eres muy astuta. Tienes la oportunidad de hacer un nuevo cliente, ¿no es eso?

El perro terminó de hacer pipí, subió la escalera y entró en casa del señor Gordon. Lo seguimos y llamamos a la puerta.

–¿Qué queréis que haga? –El señor Gordon se encogió de hombros–. Yo le digo que baje hasta la calle, pero es viejo y se cansa. Hasta que no reparen el ascensor...

–Bueno –dijo Freddy–, ¿se acuerda de «¡Llamad a Iris!»?

–Exacto –intervine, desplegando de nuevo mi sonrisa estilo Mildred Dornbush para el señor Gordon–. Puedo bajarlo yo, llevarlo a dar la vuelta a la manzana, hacerlo moverse un poco...

El señor Gordon me miró.

–¿Y cuánto me costaría?

–¿Usted cuánto quiere gastarse? –le preguntó Freddy.

–Nada –dijo él–. Creía que Iris era la chica.

Vi que Freddy estaba esforzándose por seguir sonriendo.

–¿Qué le parece un dólar el paseo?

–¿Qué os parecen cincuenta centavos? –repuso el señor Gordon.

Freddy lo miraba con una expresión tipo «¿Qué te parece una patada en el trasero?», pero consiguió controlarse. Yo esperaba y mientras tanto hacía cuentas: dos paseos al día, a cincuenta centavos el paseo, por... digamos veintitrés días, incluidos los fines de semana hasta que empiecen las clases...

–De acuerdo, dejémoslo en setenta y cinco centavos –propuso el señor Gordon–. Me voy a trabajar a las ocho y media. Puedes empezar mañana por la mañana.

–Perfecto. –Mamá salía de casa a las ocho menos diez–. Estaré aquí a las ocho.

El señor Gordon asintió.

–Se llama Blackie.

–Muy original –comentó Freddy en cuanto el señor Gordon hubo cerrado la puerta.

–Debería informar al señor Ocasio de que acabo de resolver su problema de limpieza de la escalera –dije mientras bajábamos–. Y debería pagarme por mantener limpio su portal.

–Pues venga –dijo Freddy.

–Era una broma –repuse–. ¡Imagínate! Si ya me odia ahora... –Estábamos justo delante de su puerta–. Además, ahora no está en casa.

–¿Cómo vas a saberlo si no llamas? –me preguntó Freddy–. Y perdona, pero, si ya te odia, ¿qué puedes perder?

Llamé. El señor Ocasio abrió.

–E-e-e-h, ¿cómo va? –dijo Freddy.

Si yo era la doctora Mildred Dornbush, él era sin duda alguna papá.

–Hola, buenos días. ¿Necesita ayuda para alguna cosa, señor Ocasio? –Lo miré directo a los ojos y le di un anuncio–. Puedo ir a buscarle lo que necesite del sótano. O ir a la tienda por usted. Para cualquier cosa, llame a Iris.

–No, no necesito nada. Tengo de todo.

–Usted me dijo que debía buscarme algo que hacer –dije–. Así que ahora hago trabajitos para los vecinos.

–Sí, y la primera vez es gratis –dijo Freddy–. Después, pagará lo que considere justo.

–De acuerdo, lo pensaré –contestó–. Vuelve mañana.

Fuimos hasta la puerta de casa riendo.

–Sabía que diciéndole que era gratis picaría –dijo Freddy.

–¿Y ahora qué tengo que considerarte, mi agente? –le pregunté–. No tendré que darte un porcentaje, ¿verdad?

–Por el momento, no –contestó–. Esperemos a ver cómo van las cosas. Creo que has tenido una buenísima idea, Iris, y si no reparan el ascensor antes de que empiecen las clases, terminarás forrándote.

–¡Ya lo creo!

Estaba contentísima. Pero lo estaría todavía más si lograba convencerlo de que me acompañase a comprar un sujetador. Y si averiguaba cómo estaban de verdad las cosas con Will y Fluffy.

14

CAPÍTULO DECIMOCUARTO

No fui a casa de Will hasta la mañana siguiente, después de haber sacado a Blackie.

–Esta jovencita va a llevarte a dar un paseo de verdad –le dijo el señor Gordon a Blackie mientras le ponía la correa–. ¿Estás a punto, muchacho?

Blackie estaba a punto.

–¡Muy bien! ¡Así! ¡No te pares! –decía el señor Gordon mientras el perro me arrastraba escaleras abajo. Pero en el tercer piso se detuvo y levantó una pata.

–¡No, Blackie! ¡Malo! ¡Eso no se hace! ¡No, Blackie, por favor! ¡Blackie, no lo hagas! –grité.

Demasiado tarde. Y evidentemente el señor Gordon estaba escuchando. Pero yo respeté el acuerdo y llevé a Blackie a dar la vuelta a la manzana. Después de haberlo devuelto a su amo, limpié el charco de pipí, me metí en el bolsillo unas galletas para perro y subí por la escalera de incendios.

Will estaba esperándome en la ventana.

–Estoy buscando a Fluffy –dijo cuando me

oyó llegar–. No se ha vuelto a dejar ver desde ayer.

Menuda sorpresa.

–Dudo que lo veas –le dije–. La Señora de los Gatos me ha asegurado que lo tiene encerrado con llave en casa.

Pareció sorprendido, luego perplejo y al final enfadado.

–¿Insinúas que te he dicho una mentira?

–No, simplemente intento comprender qué pasa.

–No, tú crees que te he mentido. Mi padre también piensa siempre que le cuento trolas. No he dicho ninguna mentira, Iris, te lo juro por Dios. Ese gato pasó ayer por aquí. ¡Yo lo vi!

Quizá fue su mirada, como si supiera que, dijera lo que dijera, yo no lo creería. O quizá era simplemente que no soportaba que me comparase con su padre. O quizá era que quería creerlo y punto.

–Te creo –dije.

Se hizo uno de nuestros habituales silencios, y mientras tanto intenté decidir si debía irme o quedarme.

–¿Cómo te ha ido con Brutus y las galletas? –preguntó finalmente Will–. Se las has dado, ¿verdad?

–Las ha engullido. No me daba tiempo a tirárselas por encima del cristal –dije–. Will, ¿te acuerdas del perro negro del 6A, ese que tiene la cola muy grande? –le pregunté.

–¿Ese que se hace pipí delante de mi puerta? Mi padre amenaza con matarlo todos los días.

–Sí, bueno, ahora de eso tengo que ocuparme yo –dije–. Pero necesito que me des un consejo. No sé qué hacer para impedir que se pare aquí delante. Tú tenías un perro. ¿Qué puedo hacer?

–Tienes que adiestrarlo –dijo Will–. Enséñale una galleta, después cógelo de la correa y empieza a bajar delante de él. Cuando llegues a un rellano, enséñale otra vez la galleta y hazle entender que se la darás cuando lleguéis abajo de todo. Tienes que atraerlo con algo que le guste.

–¿Crees que funcionará?

Se encogió de hombros.

–No tengo ni idea. Pero, si no funciona, avísame cuando vayas a buscarlo de nuevo y, cuando bajes con él, estaré en la puerta con el tirachinas. –Había un extraño brillo en sus ojos–. Un solo garbanzo y te garantizo que no volverá a hacer pipí en la escalera. Hace un montón de tiempo que voy detrás de él para pillarlo in fraganti.

Me eché a reír.

–¿Has conseguido de verdad hablar con la señora Witherspoon? –me preguntó.

–¿Así es como se llama la Señora de los Gatos?

–Sí. Señora Witherspoon. Bueno, ¿qué? ¿De verdad has hablado con ella?

–Le he dado un anuncio –dije.

–¿Y te abrió la puerta?

Asentí.

–¿No tenías miedo?

–¿Por qué iba a tenerlo?

No le dije que Freddy me había acompañado.

–Una vez, mi hermano se puso a vender suscripciones para una revista y fue a su casa. Me contó que se había puesto a citar la Biblia a gritos y a decir que no podía quitarle los gatos. Bajó tan deprisa, tanto, que casi se desnuca.

–Conmigo no se comportó así –dije–. Hasta le llevé un regalito.

–Pero no viste a Fluffy...

–Oye, Iris, ¿eres tú la que estás ahí abajo? –Daisy se había asomado a la ventana–. ¿Dónde te habías metido, chica? Me habías viciado viniendo todos los días. Ven, que tengo que pedirte una cosa.

–Tengo que irme –le dije a Will–. El deber me llama. Intentaré hacer lo que me has dicho con el perro. Después te cuento cómo me ha ido.

–Tendré preparado el tirachinas. No tienes más que decírmelo y...

–Oye, ¿puedes quedarte un rato con los niños? –me preguntó Daisy en cuanto llegué arriba–. No puedo hacer nada con ellos por en medio.

–Mi madre ha estado enferma –le expliqué.

–Pues menos mal que ya se ha recuperado, porque estaba volviéndome loca.

Me quedé un rato leyéndoles cuentos a sus nietos, mientras ella ponía orden, hacía gimnasia y se duchaba. Después volví a salir a la escalera de incendios y llamé a la ventana de Yolanda.

Se alegró de verme todavía más que Daisy.

–Iris, le he suplicado al cielo que vinieras a librarme de estos monstruitos –dijo–. Se han pasado dos días vomitando y esta semana Tico hace horas extraordinarias, y no puedo seguir pidiéndole a Luisa que se quede con ellos, y además ahora ya están bien y he llegado al extremo de...

–Mi madre ha estado enferma –le expliqué también a ella–. ¿Quiere que los lleve al parque a jugar?

–¡No! Soy yo la que necesita salir de aquí –dijo.

Así que, mientras ella iba a dar un paseo, jugué a los cochecitos con Raymond y Andy y entretanto le enseñé a Cuca a decir «ia-ia-o» cuando cantábamos «En la casa de Pepito». Yolanda volvió con bocadillos y dulces para todos.

Después llamé a la ventana de Luisa para ver si también tenía algún trabajito para mí.

En lugar de Luisa, se acercó a la ventana el señor Ocasio con una llave inglesa en la mano. Me disponía a salir por piernas, pero me dijo:

–Tengo un trabajo para ti, si todavía lo quieres. Tendrías que ir a la ferretería y comprarme una pieza de recambio para el baño.

Pero ¿cómo es que no me reñía por estar en la escalera de incendios? No sabía qué pieza quería, pero me dio la vieja y me dijo que pidiera una igual y dijera que la cargasen en la cuenta del edificio, y cuando me vio volver a la ventana de Luisa al cabo de menos de diez minutos, casi me sonrió.

Cuando el señor Gordon volvió a casa esa tarde y me entregó a Blackie para que lo sacara a pasear, hice lo que me había dicho Will. Le enseñé la galleta y bajé delante de él, y esa vez aguantó hasta el segundo piso.

–Es un gran paso adelante –dijo Will cuando se lo conté. Nunca lo había visto tan contento.

Yo también estaba contenta. En un solo día había ganado cinco dólares.

Al acabar la semana tenía trece dólares, Blackie hacía pipí en la calle, junto a la alcantarilla, y Freddy había empezado a decir:

–Ándate con ojo. Podría pedirte un préstamo.

Mamá todavía no sabía nada de mi negocio. Intentaba estar siempre en casa cuando llamaba a mediodía, y la llamaba yo a ella un par de veces al día por si tenía que decirme algo urgente y no me había encontrado. Y estaba prácticamente segura de que no se había dado cuenta de que, cuando ella no estaba, me ponía su sujetador. La verdad es que a nadie del vecindario le importaba; si hubiera ido en pijama, se habrían alegrado igual de verme. Hasta el señor Ocasio había dejado de regañarme por subir y bajar sin parar por la escalera de incendios.

–Porque así puede mandarme a la ferretería cada vez que necesita algo, o sea, prácticamente siempre –le dije a Will.

Will sabía todo lo que hacía, excepto lo del sujetador, evidentemente. Cada vez que pasaba, me paraba unos minutos a charlar con él. Ya no bajaba la cortina y procuraba estar en la cocina cuando yo pasaba.

Pero aún seguía sin aclararse el asunto de Fluffy. Hasta que una tarde, cuando llevé a Blackie a su casa después del paseo, oí girar la llave en la cerradura de la puerta de la Señora de los Gatos.

–Perdona –dijo, abriendo la puerta unos centímetros–, ¿eres tú la chica que se ofreció a hacer trabajitos para los vecinos?

Llevaba el vestido y el broche de costumbre, pero había cambiado los enormes y viejos zapatos y las gruesas medias con que la había visto las otras veces por calcetines y zapatillas. Y no llevaba sombrero. Un puñado de gatos se agolparon alrededor de sus piernas.

–Sí, señora –contesté–. Soy yo, Iris.

–Bien, Iris –dijo, cerrando todavía más la puerta para impedir que dos gatitos se escaparan–, siento molestarte, pero he perdido las gafas. He puesto la casa patas arriba, pero, por más que las busco, no consigo encontrarlas. Y sin gafas no puedo hacer nada.

–¿Quiere que la ayude? –pregunté, intentando que no notara lo contenta que estaba de tener por fin la posibilidad de entrar en aquella casa.

–Sí, por favor –respondió–. Si puedes, claro.

Estaba impaciente por contárselo a Will.

15

CAPÍTULO DECIMOQUINTO

¡Puaj! Una vaharada pestilente me golpeó como un puñetazo en el estómago en cuanto puse el pie en aquella casa. La Señora de los Gatos debía de tener el olfato atrofiado. Con mucho gusto me hubiera tapado la nariz, pero temía herir su susceptibilidad. Estaba claro que intentaba mantener limpio el piso: no había polvo, el sofá y las sillas estaban cubiertos con telas, y en un rincón había un viejo aspirador como el de la abuela Lillian. Pero, evidentemente, no era posible tener limpia una casa en la que había gatos sobre el alféizar de las ventanas, gatos sobre la librería, gatos sobre el sofá, gatos sobre las sillas y gatos sobre la alfombra. Y ni rastro de Fluffy.

Un gato negro con las patas blancas estaba tumbado tranquilamente bajo una lámpara, como si estuviera en la playa bajo una sombrilla. Se subió de un salto a una mesita y empezó a olisquearme.

–Boots, pillastre, ¿acaso te ha dicho que quiere que la olfatees? –lo reconvino la Señora de los Gatos–. Iris, se diría que a esas malditas gafas les han salido alas y revolotean por la casa con la única finalidad de torturarme. Sin ellas no puedo leer la Biblia, no puedo coser, ni siquiera puedo leer las partituras...

Mi búsqueda despertó la curiosidad de un grupo de gatos, que se me acercaron. Uno negro, de aspecto gracioso, restregó el morro contra mí.

–Ronald, quieres saber quién es esta chica que está en el suelo, ¿verdad? –le susurró–. Debes perdonar a Ronald –añadió, dirigiéndose a mí–. Es un adolescente. Dentro de poco lo operarán. El día uno de cada mes, cuando cobro la pensión, llevo a uno de los gatos más jóvenes al veterinario, o a dos, cuando puedo permitírmelo. Procuro tenerlos a todos listos antes de que estén en celo...

Una cucaracha pasó deprisa por delante de mí. Me levanté de un salto y dejé a dos gatos disputándosela.

–Ni rastro de las gafas aquí abajo –dije.

La seguí al dormitorio. Si no hubiera sido por los gatos y por el tufo, no me habría parecido estar en casa de una loca, sino simplemente en la de una persona mayor. Me habría gustado tener tiempo para mirar las figuritas que había sobre los muebles o los retratos de Martin Luther King Jr. y de John Fitzgerald Kennedy. Encima de la cómoda había un cepillo y un peine de plata, una peluca sobre su soporte, un sobrecito de horquillas para el pelo y unos cuantos frasquitos antiguos de perfume sobre una bandeja de madera. Las gafas no estaban allí, ni tampoco en las repisas, al otro lado de la cama.

–Aquí tenemos al Profesor, a la señorita Lucy, a Micky Mouse y a Minnie... Los he llamado así por las orejas. Son graciosas, ¿verdad? Y también a Ike, a Bo Peep...

La Señora de los Gatos estaba presentándome a todos los que holgazaneaban sobre su cama. Pero ¿dónde estaba Fluffy?

–¿No se le agotan los nombres? –pregunté.

–Claro que no. Buscarles nombre forma parte del placer de tener tantos gatos. A los primeros los llamé como a los presidentes de Estados Unidos y, si eran hembras, como a sus mujeres. Pero no todos pueden llevar un nombre de tanta responsabilidad, como esta miedica, a la que llamé Jitters porque cualquier cosa la asusta. El nombre del gato debe corresponder con su carácter. Aquel, por ejemplo –dijo, señalando a un viejo gato blanco que bizqueaba–, tiene un nombre que no le va. Le puse Ulysses S. Grant, como el presidente, y luego, cuando me di cuenta de que no era apropiado para él, me sabía mal cambiárselo porque temía disgustarlo. Hay que respetar siempre su dignidad, no insultar nunca su inteligencia. Evidentemente, unos gatos son menos inteligentes que otros...

Sus gafas estaban justo delante de mí, en la mesita de noche, entre una caja de pañuelos de papel y la Biblia. Sin embargo, no dije nada, porque ya me parecía oír lo que me diría Will: «¿Cómo es posible? ¿Te has ido sin haber visto a Fluffy?».

–Perdone –dije–. ¿Dónde está Buster Brown?

–¿Buster? –Dejó de acariciar al presidente

Grant y dijo–: Seguramente en el trastero. Pero bueno, ¿adónde habrán ido a parar esas malditas gafas? Ya he mirado encima del piano, pero creo que no será mala idea echar otro vistazo.

Me condujo a la habitación donde estaba el piano y después abrió la puerta del trastero.

–Buster Brown, ¿sigues ahí? Se pasa el día metido ahí, con la cara larga, porque lo tengo encerrado en casa. La semana pasada consiguió salir un poco porque me distraje.

–¿Ah, sí? –Entonces era verdad que Will lo había visto.

–Creo que sí. Y ahora está tan desanimado que no quiere hablar con nadie. Hasta ha dejado de pelearse con Sweet William. Buster, pequeño, mira quién ha venido a verte.

Y en ese momento, parpadeando y desperezándose, Fluffy salió del trastero. Era exactamente como lo recordaba, aparte del cascabel que llevaba ahora en el cuello. No sabía si me alegraba más de verlo a él o de saber que Will me había dicho la verdad. Había querido creerle y le había creído, pero una parte de mí exhaló un suspiro de alivio cuando quedó demostrado que tenía razón.

Cogí en brazos a Fluffy y hundí la cara en su cuello. Él empezó enseguida a ronronear.

–Me alegro de ver que ya no está enfadado –dijo la Señora de los Gatos.

No me atreví a recordarle que Fluffy y yo éramos viejos amigos.

–Bien, has conocido a mis pequeños, Iris, pero todavía no hemos encontrado las gafas. Las llevaba puestas cuando he lavado las medias –dijo, llevándome al cuarto de baño–. El Señor sabe que he mirado por todas partes, pero...

La bañera estaba llena de bolsas de plástico con la arena sucia de las bandejas de los gatos. El hedor hizo que se me saltaran las lágrimas. Hasta Fluffy salió huyendo de aquel olor infernal.

–Buscaremos otra vez en el dormitorio –dije–. ¡Mire! ¡Aquí están! –grité nada más entrar.

–¡Gracias a Dios! –exclamó mientras se las ponía–. Muchísimas gracias, cielo. Fíjate, había mirado aquí encima por lo menos veinte veces...

–Pero no llevaba gafas –dije bromeando mientras cogía en brazos a Fluffy, que nos había seguido hasta allí–, así que le resultaba un poco difícil verlas.

El despertador que había en la mesita de noche marcaba las cuatro.

–Tengo que irme –dije–. Mamá debe de estar buscándome.

Llevé en brazos a Fluffy hasta la puerta.

–Tengo que darte algo por las molestias –dijo la Señora de los Gatos–. ¿Cuánto te debo?

–Nada, déjelo –respondí, frotando la nariz contra el hocico de Fluffy. Ya tenía veinte dólares y todavía faltaban diecinueve días para que empezaran las clases–. No me debe nada, y cuando necesite algo, dígamelo. ¿Quiere que le baje alguna de esas bolsas de arena sucia? ¿O que le suba alguna cosa de comer?...

¿O que compre insecticida para cucarachas o ambientador? Pero esto no se lo podía decir.

–No bajo la arena –dijo–. El portero puede gritar todo lo que quiera, pero yo la echo por el retrete, un poco cada vez, así nadie se da cuenta y nadie viene a decirme nada. Y con la comida hago lo mismo. Subo algo cada vez que salgo. –Desde que se había puesto las gafas, no había dejado de sonreír, pero ahora estaba tensa y había levantado la voz–. Quieren echarme, ¿sabes? Hace años que lo intentan. A mí y a mis pequeños. Me amenazan, me mandan cartas... Acabo de recibir una del nuevo casero diciendo un montón de estupideces sobre el peligro para la salud y sobre los inspectores sanitarios. No hay ningún peligro para la salud. Aquí está todo limpio. Tú lo has visto, ¿no? –No dije nada–. Además, aunque no quisiera, no tendría más remedio que limpiar –continuó–. Es duro, pero debo hacerlo para evitar que se pongan enfermos. Le suplico a Dios veinte veces al día que me dé fuerzas para mantener alejados a mis enemigos. Ahora más vale que me des a este pequeño delincuente antes de que abra la puerta. Aunque le gustes, no quiero que vuelva a perderse.

Le di a Fluffy otro beso y lo dejé entre los brazos de la Señora de los Gatos. Ella abrió la puerta.

–Iris –me dijo cuando ya había empezado a bajar la escalera–, dile a tu madre de mi parte que tiene una buena hija, ¿me oyes? Y ven a verme siempre que quieras.

16

CAPÍTULO DECIMOSEXTO

Después de aquella invitación, empecé a llamar al timbre de la Señora de los Gatos cada vez que volvía de mi paseo matutino con Blackie.

–¿Le hace falta algo? –le preguntaba siempre–. ¿Me necesita?

No me contestaba casi nunca, y de vez en cuando se limitaba a gritar a través de la puerta:

–No, gracias, cielo.

Sin embargo, una vez dijo:

–Buster Brown ha preguntado por ti –y me dejó entrar a jugar con el gato mientras ella leía en voz alta la Biblia en el salón.

Desde aquella vez, en vez de preguntarle:

–¿Me necesita? –decía–: ¿Por casualidad Buster Brown ha preguntado por mí? –Y, si abría la puerta, entraba, saludaba a los gatos, ella me preguntaba cómo estaba y me decía cuáles se habían portado mal ese día, cuáles estaban tristes, cuáles se habían peleado y cuál había mordido a otro. Nunca me quedaba más de unos minutos: mi olfato no lo habría soportado.

–¿Tocas el piano? –me preguntaba siempre.

–No –respondía yo.

–Qué lástima –decía ella–. He dado clases de piano durante muchos años. Venían niños de todo el vecindario. Y también personas mayores. Todavía toco en la iglesia, ¿te lo había dicho?

A veces me preguntaba si tenía previsto ir a la tienda y yo siempre contestaba que sí. Entonces sacaba el monedero de su gran bolso, ponía a un lado los billetes, contaba las monedas, me explicaba por qué no hay que dar de comer atún a los gatos y decía que se había quedado sin sopa de pescado, o sin cordero, o sin buey en conserva.

–Así que al final tienes un gato –me dijo Sammy la primera vez que llegué a la caja con tres latas de comida para gatos y un paquete de galletas.

–No, esto no es para mí. Es para la Señora de los Gatos –le dije.

–¿La Señora de los Gatos? ¡Eh, Junior! –dijo mirando a su hijo, que estaba poniendo los precios a unos productos que acababan de llegar–, más vale que estés atento, o Iris va a quitarte el trabajo. Y dime, ¿a ti también te da veinticinco centavos de propina? –me preguntó–. ¿O te paga con clases de piano?

–A lo mejor también les da clases de piano a los gatos –dijo Junior–. La próxima vez que suba, se lo pregunto. Le preguntaré si sus gatos tocan Mozart.

Siempre que hablaban de ella era para burlarse. Se reían de sus gatos, de sus citas de la Biblia y de sus escasas propinas, pero luego, cuando le pagué a Sammy, él me metió en la bolsa otro par

de latas de comida para gatos y un litro de leche y dijo:

–No me parece justo que esa pobre vieja se gaste toda la pensión en los gatos. Toma, dile que había una oferta.

Ya había ganado bastante, así que cada vez que iba a la tienda me compraba un helado o caramelos. Cuando sabía que Freddy estaba en casa, compraba también algo para él. No lo hacía solo porque esperaba convencerlo de que viniera conmigo a comprar el sujetador, pero desde luego una pequeña ayuda para una causa tan importante era más que necesaria.

Si no me acompañaba antes de que empezaran las clases, la única solución era llevar la mochila delante. El sujetador gris de mamá, con los seis imperdibles que tenía que ponerle, estaba bien para las emergencias, pero ahora me merecía algo mejor.

–Freddy, ¿sabes esas tiendas tipo Price Rite donde venden medias y calzoncillos? –dije el viernes anterior a la Fiesta del Trabajo, por la tarde. –Ya tenía treinta dólares, así que había vuelto a casa de la tienda con helado de café y chocolate, el preferido de Freddy–. ¿Tú crees que en esas tiendas venden también sujetadores?

–¡Y yo qué sé! –contestó, cortante.

–Si vendieran, sería perfecto –continué–. Porque ahí no hay dependientas que te pregunten: «¿Puedo ayudarla?». Y además hay uno aquí cerca. –Le puse un poco más de helado–. ¿Vendrías conmigo?

Freddy apoyó la cuchara en la mesa.

–Ya me lo preguntaste y te dije que no. ¿Qué crees, que soy como el pitbull? ¿Que basta con darme algo de comer para que haga todo lo que quieres?

–¡No! –Traté de borrar la expresión de culpabilidad de mi cara–. Vamos, Freddy, ¿a qué otra persona se lo puedo pedir?

–A una de tus amigas del Bronx.

–Están todas fuera –dije–. Además, no las he visto desde que nos mudamos.

Tenía la impresión de que el Bronx pertenecía a otra vida.

–Pídeselo a la abuela. O a tía Myra.

–¿Y si mamá descubre que lo he hecho a escondidas?

–Pues entonces, a alguna de las vecinas.

¿Yolanda? No, vendrían también sus hijos. ¿Luisa? No me la imaginaba en una situación así. Daisy estaría encantadísima de acompañarme, pero yo no quería ir con ella.

–No quiero meterlas en esto –dije.

–Entonces me parece que tendrás que ir sola.

Aquella noche tuve un montón de sueños raros. En uno, había cogido el metro para ir a New Jersey a comprar un sujetador y, cuando me metí la mano en el bolsillo para sacar mis treinta dólares, recordé que se los había dado a Brutus y él se los había comido, así que ni siquiera podía volver a casa. En otro, estaba en el colegio y todos los chicos estaban a mi alrededor como si fuera la más simpática de la clase. Pero de pronto bajé la mirada y vi que sobre el pecho solo llevaba dos alas de mariposa semitransparentes. En otro, la escuela de informática era un ordenador gigante en el que no se podía entrar sin la contraseña.

–Y las únicas contraseñas que me venían a la mente eran las frases tontas del libro de mecanografía, cosas como «el gato come tomate frito y el tomate frito se ha caído del plato» –le conté a Will el día siguiente. No sé cómo empezó. Nunca le había contado nada personal hasta entonces–. Pero después, no sé cómo, me encontré dentro del ordenador y tenía que hacer un examen, pero aún no tenía el libro, y cuando intenté explicárselo al profesor, él me dijo: «Esto es la escuela de informática, estúpida. Aquí no hay libros. ¿Cómo es que no lo sabes? Ya hace un mes que vienes».

Estaba sentada junto a su ventana y hasta aquel momento él me había escuchado como si comprendiera perfectamente lo que decía. Tal vez él también tenía sueños raros. Pero, en un momento dado, su expresión se ensombreció y masculló:

–Cuando yo pueda ir a clase, todos los demás hará un mes que han empezado.

–Pero tu padre te bajará, ¿no? –dije–. Tiene que hacerlo. Es obligatorio ir al colegio.

–En teoría, sí.

De repente, mis sueños me parecieron tontos y sin importancia.

–¿Qué hacías el curso pasado? ¿Cómo ibas al colegio? –No había pensado nunca en eso.

–Con el autobús. Pero primero tengo que llegar hasta la parada. Y el autobús pasa mucho después de que mi padre se vaya a trabajar.

Problemas a la vista, pensé, pero me aventuré a decir:

–Entonces tendrá que ir más tarde.

–Eso parece.

–¿Has hablado con él?

–Lo he intentado.

–Inténtalo de nuevo.

–No servirá de nada.

–¿Y por qué no llamas al casero? Sé que hay gente que le ha escrito por lo del ascensor.

–Sí, ¿y lo ha hecho arreglar?

–No, pero tu padre podría escribirle también. O quizá podrías hacerlo tú.

No soportaba que pasara de mí de aquel modo. ¿Por qué no conseguía hacerle entender que me importaba de verdad? ¿Por qué se encerraba tanto en sí mismo?

–No puedes renunciar, Will. Tiene que haber algo que puedas hacer.

–¡Por supuesto! –Se sacó el tirachinas del bolsillo y empezó a preparar garbanzos–. Ahora, si no te importa, vale más que te apartes...

–Claro, dispara a las palomas –dije, poniéndome de pie–. Eso sí que es una solución.

–¡Eh! –gritó, evitando mirarme a los ojos–, esto no es asunto tuyo.

¿Por qué la mayor parte de nuestras conversaciones acababan con al menos uno de los dos mosqueado? ¿Y por qué cuando era yo la que se ponía de mal humor, no sabía si enfadarme más con él o conmigo misma?

–Muy bien –repuse–. Tengo mis propios problemas.

Aquella noche, en cuanto mamá se fue a dormir, llamé a la puerta del cuarto de Freddy.

–Freddy –dije–, si tuviera a otra persona a quien pedírselo, te juro que lo haría. –Lo oía moverse, pero no me contestaba–. Y no puedo ir sola. No tengo permiso para ir por ahí sola. ¿Qué pasa si me atropella un autobús? Si no muero, me mata mamá. Y te mata también a ti por no haberme acompañado.

Era un argumento bastante débil incluso para mí. Abrí la puerta de la habitación. Freddy estaba en la cama leyendo una revista.

–Freddy, ¿tú piensas en el colegio? –le pregunté–. Cosas como qué pensarán los otros estudiantes de ti y cómo será el primer día sin conocer a nadie.

–Solo sé que será mejor que las otras veces..., sin Pinkowitz –dijo, sin dejar de leer–. Nada de Pinkster, nada de Pinky...

–¿Qué quieres decir? –le pregunté, quitándole la revista de las manos–. ¿Tienes intención de cambiar de apellido?

–Exacto. El primer día, cuando me den los impresos para rellenar, yo escribo: Frederick Díaz. Así de fácil.

En el momento en que mi boca decía: «¡No puedes hacer eso!», mi cerebro ya estaba pensando cómo sería mi vida sin: «¿Pinkowitz? ¿Qué quiere decir? ¡Eh, tú, Pincoloquesea! ¿De dónde eres? ¿Eres adoptada?». Ser simplemente Iris Díaz haría mi vida mucho más sencilla. Pero renunciar del todo a aquel apellido tan fastidioso significaría echar la mitad de mí al retrete y tirar de la cadena. Y echar también a papá al retrete. Claro que tal vez era eso lo que Freddy quería.

En cualquier caso, ahora no podía pensar en ese asunto.

–Freddy –dije antes de que volviera a ponerse a leer–, tú me has dicho una cosa. ¿Puedo decirte ahora yo otra?

–Claro –contestó–. Siempre y cuando no tenga nada que ver con la ropa interior.

–Es justo sobre eso. Freddy, no puedo ir sola. Me da mucho miedo.

–¿Tú te crees que me chupo el dedo? –repuso–. ¿Cómo vas a tener miedo después de todo lo que has hecho con «¡Llamen a Iris!»?

Sabía lo que quería decir, pero seguía sintiéndome igual.

–Eso es aquí –dije–, dentro del edificio. En la calle todo es distinto.

17

CAPÍTULO DECIMOSÉPTIMO

Freddy no contestó y se puso de nuevo a leer.

Así que, cuando a la mañana siguiente se presentó en mi habitación con la gorra de béisbol puesta y la sudadera azul con capucha en la mano, casi no podía creerlo.

–Bueno, ¿vamos o no? –dijo.

–¿Adónde? –No me atrevía a pensarlo.

–Al Price Rite –contestó–. Me he acordado de que necesito pilas.

No le dije que aún no había desayunado y me esforcé en no abrazarlo. Me guardé el dinero en el bolsillo y un momento después estábamos en la calle.

–¿De verdad quieres cambiarte el apellido? –le pregunté mientras nos dirigíamos a Broadway.

–Lo estoy pensando seriamente –contestó–. Pero no le digas nada a mamá. No sé cómo se lo tomaría.

–Freddy, ¿con quién crees que estás hablando? ¿De verdad piensas que se lo diría a mamá?

–No, ya lo sé. Pero es que no quiero que me haga una escena antes de haber decidido lo que voy a hacer.

–Eso parece la historia de mi vida –dije.

Hasta aquel momento habíamos andado juntos, pero cuando llegamos a Broadway se puso el walkman y apretó el paso para ir unos metros por delante de mí. No me importaba. No tenía que hablarme forzosamente, bastaba con que me acompañara. Yendo hacia el centro, pasamos por delante de restaurantes, bares, lavanderías automáticas y supermercados hasta que finalmente llegamos al Price Rite. Mientras yo miraba alrededor, Freddy se detuvo delante de las pilas. Vi pasadores para el pelo monísimos, esmalte de uñas, calcetines, calzoncillos y medias de todas las tallas y todos los colores. Pero no había ni rastro de sujetadores.

–Quizá tengan en el próximo –dije, esperanzada.

Seguimos hasta el siguiente. Allí tampoco vendían sujetadores. Ni en el Metro Health, ni en el Beauty Aids, ni en el CVS. El sol pegaba tan fuerte que parecía que estuviéramos en el desierto del Sahara.

–Mira aquí –dijo Freddy delante de una de esas tiendas de ocasión donde venden batas de estar por casa colgadas en perchas enormes, zapatos metidos en grandes cajas de plástico, toallas y bragas que solo compran señoras de setenta años para arriba. Hice una mueca–. Si encuentras algo mejor, fantástico –dijo–. Pero me parece que no tienes elección.

En aquella tienda vendían de todo: desde visillos de encaje que colgaban del techo hasta neveras portátiles; desde cojines hasta chupetes; desde

escobas hasta camisetas. El local estaba tan abarrotado de mercancía que una persona gorda no podía pasar por los pasillos. Casi seguro que en algún sitio había sujetadores, pero no quería comprarme el primero en un sitio como aquel.

Estaba intentando decidir si tenía una necesidad tan desesperada como para entrar en aquella tienda, cuando oí que alguien nos llamaba.

–Eh, Pinky, colega, ¿adónde vas?

Me di cuenta de quién era por lo tenso que se puso Freddy.

–¿Qué haces por aquí? –le preguntó Freddy a Kevin.

–Buscándote, amigo. Y ya te he encontrado.

Kevin me sonrió. O quizá estaba más bien burlándose. Noté que me ponía colorada como un tomate. Además, por la cara de Freddy estaba claro que hubiera querido meterse en una de las alcantarillas que había junto a la acera.

–¿Qué buscas ahí? ¿Una fregona para tu madre?

–Nada –contesté–. Vamos al centro.

–Sí, vamos al centro a dar un paseo –dijo Freddy.

Ahora era imposible comprar un sujetador. De pronto, a una manzana de distancia, vi que el 96 avanzaba por la avenida Broadway. La parada estaba allí mismo. Agarré del brazo a Freddy.

–¡Aquí está nuestro autobús! ¡El 96 para el East Side! ¡Corre, nos da tiempo a subir!

No sabía si Freddy me seguiría el juego. Ni si Kevin lo estropearía todo otra vez. Solo teníamos un segundo.

Freddy se volvió hacia él y se encogió de hombros.

–¡Hermanas! Ya sabes lo que es esto, amigo... ¡Luego hablamos!

Conseguimos subir justo un instante antes de que el autobús cerrara las puertas.

–¡Me debes un favor, Iris! ¡Un enorme favor! –dijo Freddy mientras nos sentábamos. Por suerte llevaba el carnet del autobús.

–Tienes razón –admití–. Todo lo que quieras.

En el autobús había aire acondicionado y se estaba de maravilla.

–De todas formas, es mejor ir al East Side. Allí no conocemos a nadie y hay muchas más tiendas.

Y, efectivamente, había más tiendas, pero todas parecían de lujo y muy caras, y en ninguna vendían sujetadores. Además, por la calle solo se veían blancos y todos vestidos a la última moda. Yo llevaba una camiseta vieja, unos pantalones gastados y las chanclas. En cualquier caso, ya estábamos allí y seguimos nuestro camino. Anduvimos y anduvimos y anduvimos, primero por la avenida Madison, luego por la Tercera y luego no sé por dónde más. Freddy debía de estar muerto de calor con la sudadera puesta.

Durante toda aquella caminata no vimos una sola tienda de sujetadores, hasta que de pronto, en la acera de enfrente, me pareció ver un Victoria's Secret. Era enorme, y los sujetadores del escaparate se veían desde lejos: los había estampados, de encaje color turquesa, rojos... Apreté el paso.

–¡Freddy, crucemos!

Cuando llegamos delante de la tienda, miré el interior a través del escaparate.

Dependientas vestidas de negro de arriba abajo, y con un aspecto increíblemente esnob, ayudaban a señoras muy modernas a escoger ropa interior de seda. Un grupo de estudiantes ricas vestidas como modelos miraban un expositor de braguitas de colores vivos.

–¡Mira! ¡Eso es exactamente lo que quiero! –dije, señalando una mesa sobre la que había unos sujetadores blancos.

Pero a Freddy se le iban los ojos detrás de las chicas. Se puso la capucha. Lo cogí de un brazo y abrí la puerta.

–¡Vamos!

Dos chicos monísimos que estaban parados delante de unos camisones negros nos miraron.

–¡Nooo, no, no!

Freddy se desasió, tiró de los cordones de la capucha hasta taparse casi del todo la cara y echó a andar.

–Freddy, ¿adónde vas? –le grité.

–He dicho que venía contigo –contestó–, no que iba a entrar en un Victoria's Secret.

La verdad es que sentí cierto alivio al no tener que entrar en aquella tienda. Pero no había visto otra y hacía un calor insoportable. Lo alcancé y seguimos caminando juntos. Pasamos por delante de un cine, de una floristería, de zapaterías y de tiendas de ropa. Notaba las gotas de sudor resbalándome por la cara. Y las tripas me hacían ruido. Freddy se había quitado la capucha, pero no había vuelto a decir palabra desde que se había negado a entrar en el Victoria's Secret.

Estaba empezando a pensar que, después de todo, el viejo sujetador gris de mamá era perfecto y que deberíamos renunciar a comprar uno y volver a casa, cuando pasamos por delante de una pequeña tienda que tenía en el escaparate bañadores de flores de señora mayor y albornoces rosa bordados con zapatillas a juego. Me detuve.

–¿La Lencería de Lulú? –dijo Freddy arqueando una ceja–. Supongo que será una broma. Iris, aquí es donde la abuela Lillian se compra las fajas.

–Entonces, volvamos al Victoria's Secret.

Estaba desesperada.

–De acuerdo, entra.

–¿Y qué hacemos si es demasiado caro?

–Treinta dólares es bastante dinero –me tranquilizó Freddy.

–¿Y si creen que somos ladrones? ¿Y si nos tratan mal? ¿Y si me llaman «nena» o si solo venden sujetadores rellenos o tallas grandes? ¿Y qué hago si me hacen desnudar para ver cuál es mi talla?

–Oye, la que quiere un sujetador eres tú –dijo Freddy–. Eres tú quien tiene que decidir.

La tienda estaba vacía. Solo había una señora rubia con permanente y gafas con montura rosa, que parecía más una camarera del comedor escolar que una dependienta estirada.

Entré.

–¿Qué deseas? –me preguntó.

Estaba segura de que oía los latidos de mi corazón.

–Hum... yo...

Dios mío, mi voz parecía más un maullido de Fluffy que la de una chica de compras por el East Side.

–Yo... hum... quería un sujetador.

–Estamos especializados en sujetadores y corsés para señoras de todo tipo –dijo la señora.

¿Cómo de roja puede llegar a ponerse una cara antes de que sobrevenga un soponcio?

–No sé la talla.

Ella sonrió.

–Eso no es ningún problema. Hace treinta y cinco años que visto a chicas como tú. –Pasó detrás del mostrador y sacó cuatro sujetadores blancos–. Pruébate estos –me dijo–. Son bonitos y no son caros.

Me acompañó al probador. Desde que había dicho que había «vestido» a otras chicas, estaba aterrada porque creía que iba a entrar conmigo, pero me dio los sujetadores y se alejó.

–Llámame si necesitas ayuda –dijo.

–Gracias.

Mientras me los probaba, me temblaban las manos y casi no acertaba a abrochármelos. Todos me quedaban bien y todos eran bonitos. Aquella señora era un genio. ¡Me encantaba La Lencería de Lulú! El único problema era que solo podía comprarme uno y no sabía cuál elegir. Me los probé todos otra vez y al final me decidí por uno con un diminuto lazo azul y una perlita en el centro. ¡Ya no tendría que volver a ponerme nunca más el viejo sujetador gris de mamá!

–Gracias –le dije a la señora mientras me envolvía el sujetador en un bonito papel de seda rosa y me daba el cambio–. Muchísimas gracias.

Una vez fuera de la tienda, con mi bolsita rosa de La Lencería de Lulú en la mano, intenté darle las gracias también a Freddy, pero, cuando vio que corría hacia él, se tapó la cara con la capucha y dijo:

–¡Quieta, Iris! Nada de besos. ¡No intentes besarme en medio de la calle!

Sin embargo, por sus ojos, la única parte de la cara todavía visible, se notaba que estaba como mínimo tan contento como yo.

–Supongo que ahora dejarás «¡Llamad a Iris!» –dijo mientras nos dirigíamos a la parada del autobús. Al final se había quitado la sudadera–. Mañana es la Fiesta del Trabajo. Ya tienes el sujetador. Puedes retirarte, si quieres.

–¿Retirarme? –Era lo último que tenía intención de hacer, especialmente ahora que todo iba tan bien–. No se puede empezar algo como «¡Llamad a Iris!» y de repente abandonarlo –dije–. Sigo teniendo clientes, no puedo dejarlos plantados.

En realidad, no eran verdaderos clientes, eran mis amigos. Hasta Will era mi amigo. Sin contar con que tenía intención de volver para comprarme por lo menos otro de los sujetadores de Lulú en cuanto reuniera suficiente dinero.

–Oye, Freddy, todavía me quedan once dólares y cinco centavos.

–¡Pues ya que eres tan rica, invítame a comer! –sugirió mientras pasábamos por delante de un quiosco de perritos calientes.

Le compré dos. Yo tomé solo uno, a pesar de que estaba muerta de hambre, porque se me había ocurrido una idea genial. En casa todavía me quedaban cuatro de las salchichas de frankfurt que había comprado para Brutus. Compraría unos panecillos y lo llevaría todo a casa de Will para comer con él.

18

CAPÍTULO DECIMOCTAVO

Había olvidado por completo que la mayoría de la gente no trabaja los sábados.

–Eh, ¿te decides a venir a echarme una mano o no? No he organizado yo solo todo este desorden, ¿vale? –El padre de Will, con un paño sobre un hombro, estaba fregando los platos–. ¡Will, ven aquí enseguida!

Nunca hubiera creído que alguien pudiese parecer tan enfadado estando de espaldas, pero él lo conseguía.

Acababa de echarle a Brutus las dos galletas que había cogido. Avancé lentamente desde la ventana de Will hacia la parte estrecha del rellano, rezando para que Brutus no notara el olor de las salchichas y empezara a ladrar.

–Ya voy, papá –gritó Will–. Estoy preparándome las cosas para el colegio.

–Sí, bueno, no te entusiasmes –le contestó su padre mientras él entraba en la cocina–. He vuelto a preguntarle al portero por el ascensor y no hay novedades.

–Entonces, ¿llamarás al casero?

Will cogió un plato del escurreplatos y se puso a secarlo.

–Ya lo he llamado más de diez veces.

Tras esta frase, el padre de Will soltó una retahíla de reniegos.

–¿Y por qué no llamamos al Ayuntamiento? ¿O al Ministerio de Educación? –Will le plantaba cara. ¡Estaba haciendo lo que yo le había dicho!–. O podríamos llamar a tío Rob. La otra vez nos ayudó, ¿te acuerdas? Oye, papá, creo que deberíamos llamarlo. Si lo hacemos ahora, quizá pueda resolver la situación a tiempo. Solo faltan cinco días para que empiecen las clases.

–Escúchame bien, Will. –Su padre se volvió tan deprisa que por un momento temí que fuera a pegarle–. ¿Te parece que puedo olvidarlo? ¡Hace un mes que cuentas los días que faltan! Pero, total, ¿qué se hace el primer día de clase? ¡Nada de nada! Este año el colegio empieza un jueves. ¿Qué vais a hacer? Ya verás como no te pierdes nada.

Casi me parecía ver las gotas de saliva saliendo de su boca mientras hablaba.

Will no renunciaba aún a discutir:

–No es verdad, papá...

–Por no hablar de que como mínimo pasará un mes antes de que organicen el autobús escolar. La mayoría de las veces que te he acompañado a la parada, hemos esperado veinte minutos y no ha pasado ningún autobús. –Dejó el paño, se dirigió al frigorífico y sacó una cerveza–. Desde luego, nunca he visto a nadie con tantas ganas de ir al colegio como tú. Los demás estarían encantados de tener una excusa para no ir. Eh, ¿adónde vas? ¡Vuelve aquí!

Hasta que Will salió de la cocina no me di cuenta de que había estrujado tan fuerte los panecillos para las salchichas de frankfurt que los había deshecho.

De todas formas, ya no me sirven para nada, pensé mientras se los daba a Brutus con las salchichas. Había sido yo quien le había dicho a Will que intentara hablar con su padre. ¿Había empeorado eso las cosas? A lo mejor ahora estaba todavía más enfadado conmigo.

¿Y qué pasaría si tío Rob dijese que no? Yo no podría bajar a Will en brazos por la escalera, eso estaba claro. Y probablemente Freddy tampoco. El señor Gordon era demasiado mayor, y no conocía ni al marido de Yolanda ni al de Daisy. El Hombre Tatuado me odiaba y el señor Ocasio desde luego no era de los que se presentan voluntarios para ayudar a nadie.

Me pasé toda la tarde pensando en pedirle ayuda a papá, pero mamá tenía razón. Incluso cuando papá prometía ayudar, no se podía confiar en él. Will necesitaba a alguien con quien contar y yo era la única disponible.

Si no hubiera estado tan contenta por el sujetador nuevo, ese pensamiento me habría estropeado por completo el día. Era mucho más cómodo que el gris, viejo y rígido de mamá y mi aspecto había mejorado enormemente. Cada vez que pasaba por delante del espejo, me paraba a mirarme. Evidentemente, ahora estaba el pequeño problema de decírselo a mamá, y no tenía ni la menor idea de cómo hacerlo. De momento, me puse una camiseta bastante gruesa y el mono tejano, así no lo notaría.

No tenía que haberme preocupado. Lo único que vio cuando volvió a casa de trabajar fue su cama.

–Pero quédate aquí conmigo –me dijo mientras se quitaba los zapatos y se tumbaba–. No quiero dormir, solo descansar un poco. Mientras tanto, tú puedes sentarte y escribir en el ordenador. Trabajo tanto que casi no nos vemos. Y te echo de menos, ¿sabes?

Esto, evidentemente, me hizo sentir culpable por todo el asunto del sujetador.

Jujm jujm jujm jujm jujm hyjnm hiiuynm

Kik, kik, kik, kik, kik, kikk, kik; ki; okkik ki; k

Aqaz swsx dedc frfv gtgb aqaz swsx dedc frfv gtgb

Tomás tiene un fgato toonto que co me dell plato/ tomatte fritO

Primero pensé que lo dejaría en cuanto mamá se quedara dormida (no tardó más de tres minutos), pero Will no era el único que estaba preocupado porque solo faltaran cinco días para que empezaran las clases.

Quizá en la escuela de informática no fueran todos unos genios del ordenador, pero yo solo era capaz de escribir jujm kik...

Si noo quieres qeu toddos te olvieden eeen cuanto dejes ersta vida escribe cosas difgnas dee ser leídas o hazx copsas dignas de ser escrtitas.

En el mundo del trabajo, la timidez no sirve de nada, ni tampoco sirven perezza y faltadeun objetivo...

Señor Ellsworth Peabody,
Peabody, o»/holihoun & Wimtherrs
Broiokl6n, N. Y.

Distinguido señor Peabody:
un exceso de cartas cartas de reclamación no a yuda a expponer clartam,ente el motivo dela reclamación. No exagegereus la injjusticia. EXPonef los detalles nedesarios o los hechos que el lectior necesiya-...

Estaba diciéndome a mí misma que era casi una santa por haber resistido delante del ordenador más de una hora, cuando vino Freddy y me dijo:

–Eh, Iris, alguien está dando golpes en el techo de tu cuarto.

–Debe de ser Will. –Comprobé si mamá seguía durmiendo–. Si se despierta, dile que he ido a la tienda. Voy a casa de Will, hasta luego.

Fui corriendo a la cocina, cogí rápidamente un par de galletas para perro, subí deprisa por la escalera de incendios y las eché por la ventana de Brutus.

CAPÍTULO DECIMOCTAVO

–¡Eh! –El Hombre Tatuado abrió la ventana y me obligó a detenerme–. ¿Qué le has dado a mi perro?

Llevaba pantalones, pero no camisa, y... ¡Dios santo, estaba lleno de tatuajes! Tatuajes azules y rojos por todo el pecho. Retrocedí cuanto pude, pero no lo suficiente, claro.

–Nada –balbucí.

–¡Sí! –gritó él–. ¡Brutus acaba de comer algo, lo he visto! –En ese momento, Brutus estaba gimoteando porque quería más. El Hombre Tatuado lo agarró del collar–. Más vale que me digas ahora mismo lo que le has dado. Pero ¿se puede saber qué miras? ¿Es que no has visto nunca un tatuaje?

Sus ojos parecían los de Drácula.

–Era solo una galleta para perros. Una pequeña.

Era mentira. Le había dado una de las grandes.

–¿Y quién te ha dado permiso para darle de comer a mi perro? ¿Y para pasearte por delante de mi ventana? Te advertí que no quería volver a verte por aquí. ¿Y cómo sé yo que era de verdad una galleta para perros? ¿Tienes idea de lo que me cuesta este perro? ¿Sabes cuánto pago cada vez que lo llevo al veterinario? ¡Y ahora vienes tú a darle porquerías!

–No eran porquerías –dijo Will desde su ventana–. Era una galleta para perros. Se la he dado yo. Además, ella viene a mi casa, no está aquí porque quiera pasearse por delante de tu ventana.

¡Menos mal! Me dirigí corriendo hacia su casa.

–¡Se supone que es un perro guardián! –gritó a mi espalda el Hombre Tatuado–. Si lo tratas así, bastará que le den algo de comer para que empiece a mover el rabo como diciendo: «Venid, venid, si me dais una galletita, podréis llevaros todo lo que queráis. Vamos, lleváoslo todo, pero dadme algo de comer...».

–Es mejor que entres –dijo Will.

Miré al interior. La cocina estaba limpia. Los platos estaban guardados.

–¿Dónde está tu padre?

–Ha salido.

Retrocedió con la silla de ruedas para que yo pudiese entrar. Con todo, me quedé apoyada en la ventana por si tenía que irme apresuradamente.

–Le desespera estar en casa. –Se acercó a la despensa–. ¿Quieres cereales? Aunque a papá se le ha olvidado comprar leche...

–No, no tengo hambre, gracias. ¿Me has llamado?

–Sí –asintió–. Es que he pensado que debías saberlo... Yo no mato palomas.

¿Quería que subiera para decirme eso?

–Pero... yo creía... –Hizo una mueca–. Entonces, ¿por qué dijiste que lo hacías? –le pregunté.

–No sé. –Miró hacia otro lado y se encogió de hombros–. Ya sabes lo que pasa...

En efecto, creía saberlo, así que dije que sí con la cabeza.

Él se encogió de hombros de nuevo.

–Pero nunca se sabe. Un día u otro podría hacerlo.

Esa se la dejé pasar.

–¿Así que era eso lo que querías decirme? ¿Que no eres el gran asesino de palomas que me habías hecho creer?

–No. Simplemente quería que las cosas estuvieran claras. –Me señaló una silla–. Puedes sentarte, si quieres.

Me senté encima del radiador.

–Hace un rato he estado a punto de venir con las salchichas de frankfurt.

–Menos mal que no has venido.

–¿Sí?

–He intentado hablar con él.

Estaba deseando preguntarle: «¿Has llamado a tío Rob? ¿Has conseguido encontrar una solución?».

–¿Y cómo ha ido? –dije.

–No ha ido. Justo lo que me imaginaba.

–¡Will! –Alguien lo llamó desde la entrada–. ¡Estoy en casa!

Salí por la ventana y me puse en un sitio donde el padre de Will no pudiera verme. Will me siguió hasta la ventana. Sabía que tenía que irme lo más deprisa posible, pero parecía que su padre se había detenido en otra habitación. Además, no me apetecía dejar la conversación a medias.

–Will, a lo mejor podríamos pedirle al Hombre Tatuado que nos ayudara.

Will resopló.

–¡Sí, ya! ¡Ese odia a mi padre más aún de lo que te odia a ti!

–Entonces buscaremos a otro –dije–. Ya verás cómo se nos ocurre algo, Will.

–¿A qué viene tanto interés? No hace falta

que hables en plural, no es un problema tuyo –replicó.

Empezó a hacer girar la silla de ruedas.

–¿Estás diciéndome que me ocupe de mis asuntos? –le pregunté.

Entonces se volvió y sacudió la cabeza.

–No –aseguró.

19

CAPÍTULO DECIMONOVENO

No pensaba que vería de nuevo a Will, ni a ningún otro vecino, hasta después de la Fiesta del Trabajo, cuando mamá volviera al restaurante, pero a las seis y media de la mañana del lunes oí otra vez golpes en el techo. Mamá siempre duerme hasta tarde los días que no trabaja, pero aun así me acerqué a su cama de puntillas, pasando por la habitación de Freddy, para asegurarme de que no se había levantado. Luego, rezando para que el Hombre Tatuado también estuviera todavía en la cama, volví a mi cuarto, me vestí, cogí unas galletas y salí por la ventana.

¡Qué alivio! Ni rastro de Brutus ni del Hombre Tatuado.

–¿Qué haces levantado tan pronto? –le pregunté a Will cuando llegué a su rellano.

–Me levanto siempre temprano –respondió–. Estaba pensando que no hemos hablado nunca del colegio. No sé ni a qué curso vas. Ni siquiera cuál es tu apellido.

–Pinkowitz –dije–. Pero no te rías, ¿eh?

–Oye –repuso, señalándose las piernas–, ¿te

parece que soy de los que se ríen del nombre de la gente?

Me senté en el alféizar.

–Mi hermano quiere cambiarse el apellido. Quiere utilizar el de mi madre, Díaz.

–Ni siquiera sabía que tuvieras un hermano –dijo, frunciendo el entrecejo.

–Es verdad. Está claro que necesitas saber algo más de mí.

–¿Y por qué quiere cambiarse el apellido? ¿Está harto de que le tomen el pelo, o es que odia a vuestro padre?

Eso mismo me preguntaba yo.

–Probablemente las dos cosas. Todavía no hemos hablado en serio del asunto. Por lo menos yo aún no lo he pensado bien.

–Ya. ¿Y cuántos años tiene tu hermano? ¿Y tú a qué curso vas?

–Freddy tiene catorce años –respondí–. Y yo voy a hacer primero de secundaria. ¿Y tú?

–Segundo.

Lo que suponía.

–¿Y a qué colegio vas?

Esperaba que dijese la escuela de informática.

–Al Endeavors, al lado del Lincoln Center. Es el único centro de enseñanza media de Manhattan que está preparado para que asistan chicos inválidos. No irás tú también a ese por casualidad...

–No, yo voy a la escuela de informática. No me preguntes por qué, teniendo en cuenta que no entiendo nada de ordenadores. Lo único que tengo claro es que odio escribir a máquina...

–He oído decir que es un buen colegio –dijo–.

Yo iba a ir al Hunter. Lo has oído nombrar, ¿no? Es un colegio buenísimo. Aprobé el examen de ingreso y todo, pero luego... –Empezó a morderse las uñas–. Bueno, con el accidente y la rehabilitación... y luego resultó que no reunía las condiciones necesarias para que fuera un alumno en silla de ruedas. No tenía las salidas de emergencia apropiadas y los servicios no eran bastante grandes, creo. Al parecer ahora han resuelto todo eso, pero ya no puedo ir porque hay que empezar en primero.

–Es terrible, Will.

–No, no pasa nada. El Endeavors está bastante bien. Me gusta. Además, a lo mejor el año que viene iré al Stuyvesant. O al Bronx Science. Sé que puedo aprobar el examen.

Estaba hablando de los colegios más exigentes de todo Nueva York.

–Debes de ser muy inteligente –le dije.

–No más que tú –repuso–. Tú también podrías ir a esos colegios.

–Yo odio el colegio –dije.

Se quedó mirándome.

–¿Por qué? Viéndote, pareces la típica empollona que tiene siempre la mano levantada. –Levantó una mano y empezó a moverla diciendo en voz alta–: ¡Yo, profe, yo! ¡Pregúnteme a mí! ¡Yo lo sé, profe!

–¡Nooo! Yo no hago eso. El curso pasado creo que no levanté la mano ni una sola vez.

–¿Y esperas que te crea? –objetó Will–. Pero ¡si siempre tienes algo que decir sobre todo!

–En el colegio no –le expliqué–. Cuando estoy

en clase, o me quedo muda, o digo tonterías. Casi me parece estar oyéndome: «Muy bien, Iris –dije con una voz estilo Mildred Dornbush–, dile a la clase la fórmula para calcular la circunferencia del círculo». Y yo contesto algo así: «En el mundo del trabajo la timidez no sirve de nada. Ni tampoco sirven la pereza y la falta de un objetivo. El saltarín y divertido cocinero ha preparado rápidamente otras doce ocas. Ya en el siglo v antes de Cristo, los pergaminos se hacían con piel de oveja y de cabra». –Will se reía, así que continué–. «En las pequeñas ciudades de Suramérica, la gente no necesita ir a las tiendas para comprar leche. Las cartas de reclamación eficaces evitan introducciones innecesarias y finales rebuscados. Muchas dudas han atormentado a los magos del *quiz*...»

–Estás loca –dijo.

–¿Crees que me lo invento? –repuse–. Pues estás muy equivocado. Son frases de mi libro de mecanografía.

–¿Y te las sabes de memoria?

–¡Qué remedio! No he hecho otra cosa en todo el fin de semana –dije–. Sentada en el salón escribiendo en el ordenador con mamá vigilándome. No tengo que esforzarme para recordarlas; salen solas.

–¿Lo ves cómo tenía razón antes? Eres inteligente.

–Sí, ya. –Traté de disimular que me alegraba de lo que había dicho–. Estoy recopilando un montón de información valiosa, pero todavía no soy capaz de escribirla correctamente.

–¿Ah, no? Déjame ver cómo escribes.

–¿Ahora? –le pregunté–. ¿A las seis y media de la mañana?

–¿Tienes algo más importante que hacer?

–No, pero ¿por qué te va a interesar a ti mirarme escribir en el ordenador? –Se encogió de hombros–. A no ser que quieras reírte un poco...

–A lo mejor es justo eso lo que quiero.

–¿Y qué pasa con tu padre?

Fingió roncar ruidosamente.

–Si quieres voy a ver. –Salió y, cuando volvió, dijo–: ¡Perfecto! Está en el mundo de los sueños y se quedará un buen rato. Entonces, ¿qué? ¿Te animas?

–Tendría que pasar otra vez por delante de la ventana del Hombre Tatuado y después entrar en la habitación donde duerme mi madre para coger el libro –dije.

–Por el Hombre Tatuado no te preocupes –me tranquilizó Will–. Anoche llegó tarde, lo oí. Seguro que no se levanta tan temprano.

Bajé, cogí el libro sin que mamá se moviese siquiera y volví a su casa.

El ordenador de Will parecía mucho más nuevo que el nuestro y tenía la pantalla más grande. También tenía conectada una impresora.

–Qué chulo –murmuré. Miré la puerta cerrada–. Pero ¿tu padre no duerme en el cuarto de al lado?

–Anoche se tumbó en el sofá y sigue allí. Y con toda la cerveza que bebió, no creo que se mueva hasta dentro de un buen rato. Además, he cerrado las dos puertas. Siéntate y pruébalo –añadió, señalando el ordenador.

iris díaz-pinkowirzx

Quién sabe si utilizar los dos apellidos sería mejor o peor.

–Lo agrandaremos un poco.

Will se acercó e hizo algo con el ratón. Un segundo después, las letras que había en la pantalla eran el doble de grandes. Escribí su nombre. WILL GLADD.

–¿Tienes también internet y correo electrónico?

Hizo un gesto afirmativo con la cabeza.

Escribí: WILL GLAD TIENE UN BUEN ORDENADOR.

–El mío no es como este. Es muy antiguo –dije.

Will cogió el libro de Mildred y empezó a hojearlo.

–¿Estás segura de que no vas a ir a la escuela de mecanografía?

–¡Eso es exactamente lo que le digo a mi madre todos los días!

Escribí: EL PERRO MASTÍN QUIERE UN CHOCOLATÍN.

–Claro que en la escuela de informática tienes que saber escribir con el ordenador –dijo–, de modo que la mecanografía es importante.

–Pero bueno, ¿de parte de quién estás tú?

PERRO Y GATO COMEN PATO Y BONIATO.

–De ti. –Miró algunas páginas más–. Vale, ¿estás preparada? Yo dicto y tú escribes. Empiezo: «Querida Doris».

QURERIDA DOORRIS, escribí.

–Tienes razón –dijo–. No lo haces muy bien.

–Es porque estás aquí delante mirándome –repuse–. Me pones nerviosa.

–Claro –reconoció, y se echó hacia atrás–. Seguimos: «Helen y yo disfrutamos cada instante de la deliciosa visita...».

EL PLATO DEL GATO ESTÁ ROTO.

–Ve a las cartas de reclamación –dije, resoplando–. Son más divertidas.

Hojeó el libro hasta que las encontró.

–Mira, aquí está aquello que decías antes: «Las cartas de reclamación eficaces evitan introducciones innecesarias y finales rebuscados. Al que las lee no deben quedarle dudas sobre el objeto de la reclamación...».

–Te dije que no me lo había inventado.

Pasó unas páginas más.

–Esto, sí. A ver si eres capaz de escribir esto sin cometer errores. –Empezó a leer muy despacio–: «Estimado señor o señora: Le escribo para hacer una reclamación oficial sobre la tela para la tabla de planchar que mi mujer compró en su tienda el 4 de diciembre pasado». –Esperó que acabase de escribir–. «Mi mujer es cliente habitual de ustedes.» ¿Quieres que vaya más despacio?

–No, así está bien –respondí, intentando no partirme de risa mientras escribía.

–¿Qué te parece tan divertido? –Will se acercó y leyó en voz alta por encima de mi hombro–. «Le escribo para hacer una reclamación oficial sobre el saltarín y divertido cocinero. La docena de ocas que habíamos encargado no llegaron lo rápido que hubiera sido necesario. Estaban todas muertas.» Pero, Iris... –Will también estaba desternillándose de risa–. Esto no es lo que te he dictado.

–Pero es eficaz y no deja al que lee ninguna duda sobre el motivo de la reclamación y lo que debe hacer, ¿no te parece?

–Desde luego. Debe mandar otras ocas.

–Esta podría ser la causa de que no aprenda a escribir mejor –dije–. Porque, perdona que te lo diga, pero ¿a quién quieres que le importe Doris y su tabla de planchar? O sea, si eso es todo lo que son capaces de inventarse los sabiondos que escriben libros, es bastante lamentable, ¿no crees? Además, ¿por qué escribe su marido la carta por ella? Estoy segura de que si escribiera una carta mía, referente a algo que me importase de verdad, no cometería ni un error.

Will asentía con la cabeza.

–Estoy de acuerdo. El problema es que la carta de reclamación que yo escribiría no serviría de nada. «Distinguido señor o señora: Vivo en el 532 Oeste de la calle Ciento Nueve, apartamento 3B. El ascensor está averiado desde hace más de seis semanas. Mi padre llama al propietario del inmueble por lo menos una vez a la semana...»

–¿Quieres que escriba? –le pregunté–. No me cuesta nada.

–¿Para qué? –De repente se le había puesto la mirada triste–. Cada vez que hablas con ellos te prometen que harán algo, y después no hacen nunca nada.

No sabía si estaba hablando conmigo o si seguía con la carta de reclamación, pero empecé a escribir lo que decía. No podía pararme a pensar lo que había que hacer para empezar un párrafo nuevo, así que escribí a continuación de lo de las ocas muertas lo más deprisa que era capaz.

–«En este edificio viven ancianos y niños pequeños que todavía necesitan cochecito, por no mencionar el hecho de que yo mismo tengo que ir en silla de ruedas. La semana que viene empiezan las clases, y sin ascensor no hay manera de...»

–¡Will, ve un poco más despacio! –Estaba haciendo un montón de faltas–. No soy mecanógrafa, ¿recuerdas?

–Nadie te ha pedido que escribas –dijo–. Solo quería demostrarte cómo sería una carta de reclamación si la escribiera yo y no esa tonta de Doris.

Pero después siguió hablando sin parar, mientras yo intentaba desesperadamente seguirlo. Había escrito diez líneas más cuando se oyó gritar a alguien desde la habitación de al lado.

–¡Vamos, Will, levántate! Lo mejor de la mañana es una buena taza de café.

Con la prisa por salir de la habitación, tiré la silla en la que estaba sentada.

–¡Vaya! –susurró Will mientras me seguía a la cocina–. Había olvidado hacerle café. ¡Enseguida lo hago, papá! –le dijo mientras yo corría hacia la ventana–. Me he divertido –dijo mientras yo salía–, a pesar de lo deprimente que es todo. Si quieres, guardo la carta para la próxima vez que quieras practicar.

20

CAPÍTULO VIGÉSIMO

–Perdón, señora –dije–, ¿le importaría dejarme pasar?

La mujer que estaba hablando con el señor Ocasio en la entrada del edificio obstruía la puerta y me impedía pasar. Era martes por la mañana. Mamá había ido a trabajar y yo ya había sacado a Blackie, pero había olvidado echar al buzón el recibo del teléfono de Luisa, así que había tenido que bajar de nuevo.

La mujer apartó la cartera lo justo para permitirme pasar. ¿Qué hacía allí una señora como esa? Maletín de piel de cocodrilo, traje de chaqueta de mil dólares como mínimo, uñas largas pintadas de rojo y tacones de diez centímetros. No acababa de tener claro si me parecía guapísima o feísima. O las dos cosas. Llevaba unos zapatos preciosos. De pronto sonó su teléfono móvil.

–¿Sííí? Sí, en el 532. Sí, ahora mismo estoy ahí. Sí. No. Nada bueno.

Tenía una voz potente y penetrante, casi malévola.

Debía de ser de la Seguridad Social. O quizá

había ido de parte del administrador. Por el modo en que el señor Ocasio se dejaba atropellar –tenía la misma mirada culpable que un chiquillo al que han pillado fumando en el lavabo–, probablemente la mujer estaba allí en nombre del casero, lo que significaba que tal vez había ido por el asunto del ascensor.

Cuando volví, todavía estaba hablando por teléfono. Fingí leer los precios del escaparate de la tienda: LECHE $ 1,69 × 4 LITROS, CAFÉ EL PICO, PAQUETE DE 1/4, $ 2,99. PRODUCTOS MEXICANOS. Aquella mujer me recordaba a alguien. A alguien famoso.

–Sí, no, estoy de acuerdo contigo –dijo–. No hay nada que decidir. Esto ha durado demasiado.

Tenía que tratarse forzosamente del ascensor. Ya era hora. Solo faltaban dos días para que empezaran las clases.

–¡Héctor! –Terminó la conversación telefónica y se puso a hablar de nuevo con el señor Ocasio–. ¿Has hablado al menos con ella? Te dije que hablaras con ella.

El señor Ocasio no contestó.

Oh, oh... Se había dado cuenta de que estaba mirándola.

–¿Vives en este edificio? ¿Cómo te llamas? –me preguntó, como si fuese una profesora o la directora en persona.

¡Claro, ya me acordaba! ¡Cruella De Vil, esa víbora de *101 dálmatas*! No me extrañaba que el señor Ocasio no se atreviera a contestarle. Por suerte, se olvidó enseguida de mí.

–Oye, Héctor, cuando vuelva no quiero encontrarte sentado en tu casa si no has quitado toda esa porquería que hay en el sótano. –Miró el reloj y se dirigió al coche negro que estaba aparcado junto a la acera–. Y más vale que te des prisa –añadió–, porque volveré después de comer y me acompañarás para que compruebe que está todo en orden.

–Pero ¿por qué la toman conmigo? –mascülló el señor Ocasio en cuanto la señora se fue–. Los antiguos propietarios, si querían que hiciera algo, todo lo que tenían que hacer era pedirlo, y yo obedecía. Esta mujer está siempre encima de mí, como si yo tuviera la culpa de todo...

Dejé de fingir que leía los carteles con los precios.

–Pero hará arreglar el ascensor, ¿verdad?

–¿Y te crees que yo lo sé? –repuso, meneando la cabeza–. Esa mujer, Iris, hace que me entre dolor de cabeza.

–Sí, da miedo.

–Me refiero a la del 6B –dijo–. El 6B está causándome un montón de problemas.

¿Cómo? ¡En el 6B vivía la Señora de los Gatos!

–¿Qué pasa en el 6B? –pregunté.

–Lo mismo que la otra vez –contestó–. Otra inundación.

No entendía nada.

–¿Inundación? Pero ¿qué tiene que ver el 6B?

–Le he dicho mil veces lo que pasa si echa la arena de los gatos por el retrete –me explicó–. Va directa al sótano y allí se solidifica en las tuberías, se pone dura como el cemento. Y de pronto me encuentro con medio metro de agua en el sótano, con el hueco del ascensor lleno de agua..., y no estamos hablando de agua limpia; el motor se quema y... –¿Acaso estaba diciendo que la culpa de que el ascensor estuviera estropeado era de la Señora de los Gatos?–. Y me dice que tengo que hablar con la del 6B –continuó–. Ya he hablado. Se lo he explicado perfectamente, igual que la otra vez que pasó, justo antes de que esta gente comprara el edificio. Se lo he dicho y repetido hasta quedarme sin voz. Y sigo diciéndoselo. Pero ella se niega a escuchar, y quienes lo pagan son los otros once inquilinos...

–¿Qué quiere decir?

–¿Por qué crees que el nuevo propietario no quiere reparar el ascensor? Según tú, ¿por qué sigue averiado?

Debía de estar muy alterado para hablar de esas cosas conmigo.

–¿Quiere decir que todas esas historias de la Señora de los Gatos sobre el inspector de sanidad y que esa carta de los caseros que Luisa me hizo traducir... eran verdad? ¿Se refiere a eso? ¿Tenemos que pagar para cambiar la instalación de agua?

–Sí, y yo ya no sé qué decirles a los inquilinos y a los propietarios... –Miró el reloj–. Más vale que baje al sótano. Ha dicho que volverá después de comer, y si no retiro toda esa porquería apestosa, no solo perderé el trabajo, sino también el piso.

Tenía la sensación de que acababa de tragarme un puñado de cemento.

–¿Qué cree que hará esa mujer?

–Ya la has oído. Quiere subir al 6B y echar un vistazo. Y según lo que vea, llamará al ayuntamiento para que se lleven los gatos. Y...

–¿Pueden llevarse los gatos? –De pronto había recordado lo que ponía en aquella carta sobre tener animales sin permiso de la administración del inmueble–. ¿Pueden hacerlo?

–¡Pueden hacer todo lo que les dé la gana!

¿Llevarse a Fluffy? ¿Y a todos esos gatitos pequeños? ¿Y a los gatos viejos y raquíticos? Jitters se moriría de miedo. Por no hablar de la Señora de los Gatos.

–¿Y qué harán si ella no los deja entrar? –preguntó.

–Entonces las cosas se pondrán feas de verdad –dijo el señor Ocasio–. Están esperando la menor oportunidad para echar a esa mujer y subir el alquiler del piso. –Meneó la cabeza de nuevo–. Quizá sea algo que antes o después tenía que pasar. Una vieja loca como esa, sin familia que se ocupe de ella, no puede vivir sola. Puede que todo sea para bien...

–No querrán en serio echarla a la calle... –dije–. No lo harán, ¿verdad?

¿Cómo podía ser esa la mejor solución?

–¿Los nuevos propietarios? A mí me parecen capaces de todo. No apostaría un centavo a que no vayan a hacerlo.

¡Si por lo menos pudiéramos esconder los gatos en mi casa! Pero era imposible.

Esperaba que Freddy estuviese en casa, pero, como de costumbre, ya se había ido. Sin preocuparme siquiera de coger galletas para Brutus, subí corriendo por la escalera de incendios para contarle a Will lo que estaba pasando.

–Tendrías que verla. ¡Es clavada a Cruella De Vil! –le dije–. Hasta el señor Ocasio le tiene miedo. Y volverá dentro de unas horas. No sé qué hacer. Ni siquiera sé cuántos gatos tiene la Señora. Podrían ser más de cien. Por no hablar del olor. Si Cruella entra en el piso y huele ese pestazo... Tenemos que sacar la arena sucia como sea. Es una prueba de que la Señora de los Gatos es culpable. Quieren echarla, ¿sabes? Ya lo han intentado. ¿Recuerdas esa carta de la administración del inmueble sobre las condiciones poco higiénicas y la infracción de las normas sanitarias? –Los pensamientos se me agolpaban en el cerebro y la lengua se me trababa–. Will, tienes que ayudarme.

–¿Yo? –Will levantó las manos–. Lo siento, pero se lo has pedido a la persona equivocada.

–Oye, mira, yo no tengo lo que se dice un padre disponible y mi hermano no está en este momento en casa...

–Iris, baja de las nubes –dijo–. ¿Ves esta silla de ruedas? Soy un inválido, ¿recuerdas? No puedo andar.

–Eso ya lo sé. –Noté que el pánico se apoderaba de mí–. ¡Pero esto es una emergencia! Will, te necesito.

–¿Para hacer qué? ¿Sorber las aguas residuales con una cañita? ¡Abre los ojos, Iris! ¿Te parece que puedo ayudar a alguien? Soy un inútil total.

En ese momento estaba tan enfadada que no me paré a pensar.

–¿Por qué no puedes decir simplemente que

me ayudarás? –grité. Will no me miraba–. Puedo entender que le tengas manía a la Señora de los Gatos porque a lo mejor ella es la culpable de que el ascensor esté roto. Pero ¿te pido que me ayudes, y tú me dices que no quieres ni tan solo intentarlo? ¿Pues qué quieres hacer? ¿Quedarte ahí sentado lamentándote y lloriqueando cuando acabo de decirte que te necesito? –No quería llorar delante de él. Di media vuelta para subir por la escalera de incendios–. Tu problema no son las piernas –concluí–. Tienes razón. No volveré a pedirte nunca nada más. Y encontraré a alguien que me ayude.

El problema era que no había nadie más a quien recurrir.

–¿Quieres decirme qué tienes intención de hacer? –me preguntó Will.

Ya estaba un poco lejos de él.

–¿Y a ti qué te importa? Total, tú eres un inútil, ¿no? Voy arriba a hablar con ella.

–¿Y qué vas a decirle?

–Todavía no lo sé. –No podía mirarlo–. Ya pensaré algo.

–Eh, Iris, espera. –Se asomó a la ventana y me tocó una pierna–. Para un momento. –Me detuve–. Si subes en estas condiciones, no servirá de nada. No puedes presentarte allí sin un plan. Si lo haces, pasará lo mismo que aquella vez que caíste por la ventana dentro de su piso y se puso a gritar como una loca.

–¿Qué dices?

Bajé otra vez hasta su rellano.

–Podemos traer aquí a Fluffy –dijo.

–Tu padre no nos dará permiso.

–Mi padre no vuelve antes de las cuatro y media. A lo mejor conseguimos traer aquí algunos gatos más. En el peor de los casos, los encierro en el trastero. –Soltó un reniego y se golpeó la pierna con el puño–. ¡Si el ascensor no estuviera estropeado!

–¿Cómo? –lo miré frunciendo el entrecejo–. ¿Es que vas a empezar a lamentarte otra vez?

–¡No! –dijo–. Pero, si el ascensor funcionase, podría bajar a la tienda y pedir unas cajas para transportar a los gatos. Así sí que los metería de verdad en el trastero sin problemas. Bastaría con poner suficiente comida y agua, y ya está.

–Puedo hacerlo yo –dije–. Ahora mismo bajo y...

–Creía que querías subir a casa de la Señora de los Gatos.

–¡Claro! –Miré el reloj. Las nueve y cuarto–. ¿Qué haces? –le pregunté cuando sacó un bolígrafo y me cogió la mano.

–Apuntarte mi número de teléfono –dijo mientras me lo escribía en la palma de la mano–. En cuanto llegues arriba, me llamas y me das el suyo, así podremos estar en contacto. –Sacó un teléfono de una bolsa colgada en un lado de la silla de ruedas–. Mientras tanto, yo llamo a Sammy y le pido que nos prepare cajas, y después me pongo delante de la ventana que da a la calle. ¿A qué hora ha dicho esa mujer que volverá?

–Después de comer.

–Pero ¿a qué hora exactamente?

–No se sabe.

–¿Y qué me dices de Ocasio? ¿Está de nuestra parte?

Iba a decir: «¿Cómo que de "nuestra" parte?». Pero cambié de idea.

21

CAPÍTULO VIGESIMOPRIMERO

Aquel día, en casa de la Señora de los Gatos, el hedor era más insoportable que nunca.

–¡Sabía que antes o después llegaría este día! –dijo mientras me hacía entrar por la ventana–. Estaba esperándolo. ¡Ayúdame, Iris! ¡Ayúdame a poner esta cómoda delante de la puerta!

Empujó un pesado mueble con todas sus fuerzas. El gato negro que estaba encima bajó de un salto y se escondió en el dormitorio.

–¡Espere, por favor! –le rogué–. ¡Así va a hacerse daño!

Había gatos por todas partes. La agitación que tenía dentro del cuerpo, y que se había apaciguado un poco desde el momento en que Will había empezado a ayudarme, estaba dominándome de nuevo.

Ella continuaba empujando.

–No tendré miedo aunque todos estén contra mí. Sálvame, Señor, Tú que conoces a mis enemigos, Tú que sabes cómo castigar a los infieles.

Cada vez tenía la cara más roja, pero la cómoda no se movía ni un centímetro.

–¡Iris, ven aquí y empuja!

Tenía miedo de que le diera un infarto.

–Esa no es la solución –traté de explicarle–. Tenemos que preparar un plan.

–Los necios no deben permitirse estar en Tu presencia. Tú odias a todos los portadores de iniquidad. Tú destruirás a los caseros y a todos sus enviados. ¡Reza conmigo, Iris! ¡No podemos permitir que se lleven a mis pequeños!

No sabía ninguna oración. En mi familia no rezaba nadie, excepto las dos abuelas, y una lo hacía en hebreo.

–¡Reza, Iris! –Estaba jadeando y resoplando–. ¡Empuja y reza!

–En el mundo del trabajo, la timidez no sirve de nada, ni tampoco sirven la pereza y la falta de un objetivo... –No era una oración, pero era lo único que me venía a la mente–. ¡Aaaúpa! –Me apoyé en la cómoda dejando caer todo mi peso y empujé. El mueble no cedió ni un centímetro–. No podemos encerrarlos fuera –le dije–. Este edificio es suyo, y si quieren entrar, tienen todo el derecho a hacerlo. Y si usted intenta impedírselo...

–Aquellos que tienen fe en Dios verán triplicada su fuerza. –Había subido la voz y hablaba en un tono más estridente–. Tendrán alas de águila, podrán correr sin cansarse nunca, podrán hacer un largo camino sin encontrar obstáculos...

–¡Aaaúpa! –Intenté empujar más fuerte aún–. Estoy segura de que no le harán ningún daño. –Le rogaba a Dios que fuese verdad–. De verdad. Solo quieren echar un vistazo.

Aquella cómoda no tenía ninguna intención

de moverse. Y tampoco podíamos correr la librería.

La Señora de los Gatos se dejó caer en el sofá, se sacó un pañuelito de encaje de la manga y se secó la frente. Un gato rubio y otro gris se le subieron encima y empezaron a restregar el morro contra su cara.

–Oh, Peanuts, Maybelle, ¿qué debo hacer? –les preguntó, suspirando–. Ella dice que el casero solo quiere echar un vistazo. Eso es lo que quieren hacerme creer, pero su próximo movimiento será venir aquí con un gran saco y meternos dentro a todos...

–¡No! –la interrumpí–. Por eso tenemos que estar preparados para recibirlos. Encontraremos una solución...

–Ellos serán los que encuentren una solución. –Seguía hablando con los gatos–. Su solución es echarnos a todos a la calle. Eso es lo que quieren, echarnos a todos.

Trata de calmarte, Iris, me dije a mí misma. Si tú te calmas, a lo mejor también lo hace ella.

–Ya tenemos un plan –dije.

Me acerqué al teléfono y marqué el número de Will. Respondió al primer timbrazo.

–Ni rastro del enemigo –dijo–. De todas formas, yo sigo delante de la ventana. Ya le he dicho a Sammy que necesitamos cajas y él ha prometido que Junior nos las traerá. Yo he encontrado algunas en el trastero. Oye, Iris, podemos conseguirlo. ¿Cómo va con la Señora?

–Bien. –¡Si pudiera venir a ayudarme!–. Bueno, eso creo.

–Genial. ¿Y cómo se lo ha tomado?

La miré. Estaba sentada en el sofá abrazando convulsivamente a sus gatos y recitando la enésima plegaria.

–Bien –contesté.

Por favor, por favor, no te enfades conmigo, suplicaba en silencio.

–Llámame cuando lleguen las cajas, ¿vale, Will? Así bajaré a buscarlas. Ah, Will, y si pasa cualquier cosa, llama. –Le di el número de teléfono.

–Era Will, Will Gladd, el chico del tercero –le dije a la Señora–. Will es nuestro centinela. Nos llamará en cuanto vea aparecer a la administradora. Bueno, tenemos un plan –dije, intentando sonreír.

Ella asintió, pero por su expresión se notaba que estaba cada vez más alarmada. Veía claramente en sus ojos cómo aumentaba el pánico.

–Bien –añadí–, ahora, mientras esperamos que Will recoja las cajas, tenemos que hacer algo para que se vaya esta peste, dicho sea sin ánimo de ofender.

–¿Qué peste? –parecía desconcertada–. Yo no huelo nada. –Olfateó el aire una y otra vez–. Verás, no tengo más remedio que tener las ventanas cerradas. No puedo arriesgarme a abrirlas y...

–Sí, lo sé –dije–, pero ahora tenemos que abrirlas. Abrimos todas las ventanas de par en par, sacamos todas las bolsas de arena sucia y luego buscamos un sitio para...

–Tengo que explicarles a mis pequeños lo que quieres hacer, si no, se subirán al alféizar y se caerán.

–No se caerán, ya lo verá. Se lo he dicho, encontraremos un lugar seguro para todos.

¿Por qué todavía no había llamado Will para decirme que habían llegado las cajas?

La Señora miró a su alrededor.

–¿Qué lugar? Tengo que hablar con ellos. No sé si estarán de acuerdo...

¿Y cómo pensaba averiguarlo? Además, ¿por qué se ponía a discutir conmigo? ¿Cómo se discute con una loca? La situación se me estaba escapando de las manos.

Llamé a Will.

–Will –susurré–, aquí las cosas no van nada bien. Creo que nuestro plan no va a funcionar.

–¿Por qué no? –preguntó–. Aquí va todo viento en popa. Junior acaba de traer unas cuantas cajas, y he llamado a Luisa Serrano, que me ha dado el número de Yolanda y el de Daisy, y las he llamado también a ellas y han dicho que están dispuestas a recoger gatos...

Nunca lo había oído así. Estaba increíblemente lanzado.

–Genial, Will –dije–. Es fantástico, pero...

Miré a la Señora de los Gatos, que mientras tanto se había puesto en pie y había empezado a llamar con voz trémula:

–Ven, misino, bsss... bsss... ven, misino, bsss... bsss...

–Aquí tenemos un grave problema –le dije a Will–. Tengo serias dudas sobre el éxito del plan.

–¿Cómo? Pero si ha sido idea tuya...

–Lo sé –dije, bajando todavía más la voz–. Y también sé que no podemos dejar que Cruella entre aquí, vea cómo están las cosas y eche a la Señora, pero...

Los gatos estaban acudiendo desde todas las habitaciones al salón donde estábamos nosotras. Algunos se habían detenido en la puerta, sin acabar de decidirse a entrar. Otros venían de la cocina. Y la Señora de los Gatos seguía llamando:

–¡Venid, pequeños! ¡Venid todos aquí! –Reconocí a Ronald, a Hyacinth y a Thomas Jefferson–. Aquí, bsss... bsss... Muy bien, venid, poneos todos juntos.

Entraron Sweet William, Dolly, Fast Eddie, Eleanor, Bo Peep y otros gatos que no había visto antes, por lo menos treinta, o quizá más. También vino Fluffy y enseguida empezó a frotarse contra mi pierna.

–No sé, Will. El señor Ocasio ha dicho antes que quizá todo esto era demasiado para una anciana sola, sin familia, estar aquí con todos estos gatos...

–Iris, no pensarás dejarme plantado, ¿verdad? –La voz de Will parecía realmente triste–. Tú has empezado esto y ahora se han involucrado muchos vecinos, no puedes echarte atrás...

–Lo sé, pero...

–Tenéis que entenderlo, pequeños –estaba diciendo la Señora de los Gatos–, esas personas malas se os quieren llevar. Creen que me conocen, pero no es verdad. No saben absolutamente nada de mí. Lo único que saben es que soy vieja, negra y pobre. Creen que me llamo Señora de nombre y De los Gatos de apellido, y que me falta un tornillo...

–Will, espera un momento. –Me volví hacia ella–: Señora Witherspoon. Su nombre es señora Witherspoon.

–Señora Margaret Witherspoon –asintió–. Bueno, tesoros míos, al menos una persona sabe cómo me llamo. –Ya no le temblaba la voz–. Ahora tenéis que escucharme todos atentamente.

–Iris, ¿sigues ahí? –me preguntó Will.

–Un momento –dije.

La señora se irguió.

–El día temido ha llegado –dijo, dirigiéndose a los gatos–, pero no estamos solos. Una joven amiga ha venido a ayudarnos. Pero ahora debemos estar unidos. ¿Creéis que podréis conseguirlo?

–Will, aquí está ocurriendo algo. Tengo que dejarte.

–¿Cómo? ¿Qué quieres hacer? ¿Vienes a buscar las cajas?

–Aún no lo sé. Te llamo luego. –Colgué el teléfono–. Señora Witherspoon...

–Están esperándote, Iris –dijo–. Explícales bien cómo están las cosas. Mantente erguida, así se darán cuenta de que se trata de algo importante. Y habla despacio. Todos no te entenderán, algunos son más inteligentes que otros, pero todos te escucharán con mucho respeto, ¿verdad, Sweet William?

Los gatos no estaban escuchando. Estaban haciendo simplemente lo que suelen hacer los gatos: unos estaban sentados, otros de pie, unos se lamían, otros se rascaban, unos estaban apoyados en algo y otros iban de aquí para allá olfateando.

Me aclaré la garganta y empecé a hablar:

–Bien... escuchadme todos... –Aquello era una auténtica tontería, mucho peor que una tontería, pero por lo menos la Señora de los Gatos (o sea, la señora Witherspoon) estaba escuchando–. Esta tarde haréis un breve viaje –dije–. En este edificio hay muchas personas amables que se ocuparán de vosotros. A todas estas personas les gustan mucho los... –¿Debía decir «pequeños» o podía emplear la palabra «gatos» con ellos? Miré a la Señora. Mejor no preguntarle–. Estaréis todos en... –no podía decir cajas– pequeñas... casas de cartón. Será solo durante unas horas y tendréis suficiente comida y agua. Y cuando Cru... la administradora se haya ido, os traeremos de nuevo aquí y todo se habrá arreglado. –La señora Witherspoon asentía mientras yo hablaba–. ¿Estáis todos de acuerdo?

Me volví hacia ella tratando de no parecer tan idiota como me sentía.

–¿Cómo lo he hecho? –pregunté.

–Muy bien –respondió–. Pero no es necesario que vociferes. Puedes hablarles normalmente, yo lo hago. Iris –me cogió del brazo y me llevó a un rincón–, voy a decirte un secreto. Hablo con ellos como si fueran niños y los trato exactamente igual que si fueran mis hijos, pero la verdad es que son gatos. Tú lo sabes y yo lo sé, y seguramente también lo saben las personas que quieren quitármelos. Y el Señor ayuda a los que se ayudan...

Casi di un grito del alivio que sentí.

–Tengo que llamar a Will –dije.

–Eso, llama a tu amigo y después hagamos lo que haya que hacer.

22

CAPÍTULO VIGESIMOSEGUNDO

–¿Has trasladado la arena? –me preguntó Will.

–Todavía no.

Me llamaba cada dos minutos, así que me ponía el teléfono entre la oreja y el hombro para tener las manos libres y seguir colocando las cajas y las bolsas de arena en el viejo carrito rojo de la señora Witherspoon. Después las transportaba hasta la escalera de incendios. Gracias a Dios, el cable del teléfono era larguísimo.

–Por lo menos la hemos sacado toda de la bañera.

–Bien. He echado un vistazo a mis armarios y al trastero –dijo–. Podemos meter aquí a Fluffy y por lo menos a otros dos gatos, quizá tres...

–¡No quiero estar aquí cuando el señor Gordon se asome a la ventana! –exclamé–. He tenido que poner las bolsas en su lado del rellano, si no, no podría bajar por la escalera.

Después de haber batallado con toda aquella porquería, estaba empapada de sudor. Llevaba las gafas tan sucias que casi no veía, y no quería ni pensar en cómo debían de olerme las manos. Pero no tenía tiempo de ir a lavármelas.

–¡Valdría más que rezase para que consigamos colocar todo este cargamento ahí fuera!

–Lo conseguiremos –dijo la señora Witherspoon, añadiendo dos bolsas más al montón que ya había en el carrito–. Estamos decididas y nada nos lo impedirá.

–¿Qué tal se porta? –Will bajó la voz–. ¿Va todo bien, o desvaría?

–Hasta ahora no.

Era yo la que daba un respingo cada vez que oía un ruido, y ya me imaginaba al casero tirando sus cosas por la ventana y a hombres con redes dispuestos a capturar a todos los gatos. Y desde luego no tenía ninguna intención de hacerla partícipe de mis temores, ahora que estaba trabajando sin descanso conmigo mientras hablaba con los gatos para que estuvieran tranquilos.

–Debemos permanecer unidos, pequeños. Ahora que esta encantadora chica nos está ayudando, ya veréis cómo todo va bien. Que Dios la bendiga por su buen corazón.

–Ya verás lo que he hecho con las cajas –dijo Will–. A esto lo llamo yo un hotel para gatos, un alojamiento de lujo...

–¿Cuántas tienes? –le pregunté.

–Hasta ahora, ocho.

–¿Ocho? Will, en este momento tengo delante de los ojos por lo menos quince gatos, y solo aquí, en la cocina.

Aún no sabía cuántos gatos había en total. La Señora no había querido que los hiciera entrar a todos en una sola habitación, así que no había habido manera de contarlos y saber el número exacto.

–¿Ocho? No, no. Necesitamos más de ocho –intervino la señora Witherspoon–. Dile que ocho son muy pocas.

–Ya lo sé –repuso Will–. Por eso he llamado a Lorna, la de la verdulería. Dice que tiene un montón y que no tenemos más que ir a buscarlas.

–¿Y cómo? –Ni siquiera le pregunté quién era Lorna y dónde estaba esa verdulería–. Con el trabajo que hay aquí, ya no doy abasto. No puedo ir también a recoger las cajas.

Estaba saturada de olor a amoníaco.

–Will, ¿no tendrás por casualidad ambientador o algo que quite este olor?

–Incienso –dijo–. Mi padre tiene incienso. No, espera, he encontrado una cosa: el perfume de mamá.

Debía de ser un objeto muy valioso para él. Casi no podía creer que estuviera poniéndolo a disposición de nuestra empresa.

–No, Will, no usaremos el perfume de tu madre –dije.

–Espera un momento. –La señora Witherspoon entró en el dormitorio y volvió con una bandeja llena de frasquitos de perfume–. Y si se acaban, tengo más. –Dejó la bandeja y empezó a pulverizar la habitación–. Gardenia –dijo mientras un olor dulzón impregnaba el aire–. Regalo de la hija de los Gadsden. Todos mis alumnos me regalaban algo por Navidad. –Caminaba por la cocina sin parar de pulverizar–. Perfumes o pañuelos bordados. Todos los años. Les había dicho a mis gatos que antes o después estos perfumes servirían para algo. Y ahora les ha llegado el momento. –Cogió otro frasquito–. Noche Parisina. Este es regalo del hijo de la señora Brown. Freesia –dijo, cogiendo otro–; este es fuerte, seguro que quita todo el olor.

Pero la mezcla de flores y pipí de gato no era muy afortunada. Y Will seguía hablando de las cajas, y la señora Witherspoon no paraba de decir nombres de alumnos y de sus madres, y ya eran las once y veinte y la casa seguía apestando, y no me dejaba abrir las ventanas hasta que los gatos estuvieran todos colocados, pero no podía sacarlos de allí sin las cajas, y tenía que conseguir meterlos dentro y llevarlos a casa de los vecinos... ¡Aaahhh! ¡Necesitaba más tiempo! Me hubiera puesto a gritar.

Entonces se me ocurrió una cosa. No teníamos mucho tiempo, pero todavía me quedaba dinero, y si conseguía algunos trabajitos esa tarde y al día siguiente...

Dejé de cargar bolsas de arena.

–Señora Witherspoon, guarde esos perfumes. Will, llama a Sammy y dile que Junior te lleve ambientador. Todo el que se pueda comprar con siete dólares. Y mira a ver si Junior puede ir a la verdulería de esa tal Lorna a recoger las cajas. Dile que le debo un gran favor, pero que tiene que darse mucha prisa. Oye, Will, y deja tus ocho cajas en la ventana que voy ahora mismo a buscarlas.

–Sí, sí, ve –dijo la señora Witherspoon–. Yo acabaré con la arena.

CAPÍTULO VIGESIMOSEGUNDO

Bajé corriendo por la escalera de incendios hasta mi piso, cogí el dinero y, haciendo caso omiso de Brutus, que ladraba para reclamar su acostumbrada galleta, fui a casa de Will.

Me esperaba en la ventana.

–Junior ha dicho que sí. Irá en bici a la tienda de Lorna, y Sammy traerá ahora el ambientador. Le he dicho que lo traiga todo aquí, porque no quería que alguien le viera llevar las cajas a casa de la señora Witherspoon. ¿He hecho bien?

–¡Perfecto!

Le di el dinero a través de la ventana.

–Y ahora mira esto –dijo, cogiendo una gran caja de Kelloggs–. ¡Ta-chán! ¡El Sheraton de Fluffy!

Había recortado una ventana en uno de los lados de la caja y había pegado encima tiritas de cartón para que el gato no pudiera escaparse por allí.

–¡Will, es una maravilla!

–Y mira aquí. –Los ojos le brillaban mientras me enseñaba la caja por dentro–. Hay una toalla para que se tumbe, así estará cómodo, un recipiente para la comida y otro para el agua. –Reconocí los comederos de su perro–. Y si quieres –añadió, enseñándome un rollo de cinta adhesiva–, puedes cerrar la caja para que a Fluffy no se le ocurra fugarse. Le he dicho a Junior que traiga solo las cajas que se puedan cerrar. –Miró el reloj–. Más vale que vuelva a mi puesto de vigilancia. No quiero que Cruella se me escape. Te dejaré aquí las otras cajas y el ambientador cuando lo tenga.

Si no hubiera estado fuera de la ventana, lo habría abrazado.

Subí la caja de Fluffy y otras dos.

–Creo que esto va a funcionar –le dije a la señora Witherspoon mientras ella empezaba a meter gatos en las cajas–. Lo presiento. Va a salir todo bien.

Estaba segura de que Fluffy vendría en cuanto lo llamara, y así fue. Luego, cuando la señora Witherspoon puso un montoncito de comida en el plato, no tuvo ningún problema en meterse dentro de la caja. Y aunque parecía un poco preocupado cuando la cerré, conseguí llevarlo a casa de Will.

Debí de subir y bajar la escalera de incendios un millón de veces. Miss Lucy y Bo Peep fueron también muy valientes, y Big Boy también se portó bien. Y cuando acabamos de meter los cuatro primeros gatos en las cajas y los dejamos en el trastero de Will, Junior ya había traído el ambientador y llegaba con las otras cajas.

Mientras yo subía y bajaba por la escalera de incendios transportando cajas y entregando gatos, la señora Witherspoon sacó las últimas bolsas de arena por la ventana, encendió velas perfumadas, pulverizó ambientador por toda la casa y al cabo de un rato lo hizo de nuevo. Sammy nos había dado cantidades industriales de ambientador por siete dólares.

Ya eran más de las doce, demasiado tarde para que Will siguiera haciendo cajas de lujo; además, no se atrevía a abandonar su puesto de guardia por miedo a que Cruella entrara sin ser vista. Pero la señora Witherspoon puso una lata de comida para gatos y un envase vacío de margarina en cada una.

–A mis pequeños no les gusta comer directamente de la lata –me explicó.

Algunos gatos eran lo suficientemente curiosos para saltar por propia iniciativa dentro de la caja que se les había asignado, pero con la mayoría de ellos no resultó tan fácil.

–¿Entiendes ahora por qué lo llamé Fast Eddie? –me preguntó la señora Witherspoon cuando un enorme gato de rayas se metió corriendo debajo del frigorífico–. ¡Y lleva cuidado con Hyacinth porque muerde! –me advirtió justo en el momento en que un gran gato blanco dejaba la huella de sus dientes en mi pulgar–. No conseguirás atrapar a Heckle y a Jekill. Con un poco de suerte, lograremos coger a Jitters, pero si intentamos meterla en una caja, le dará un ataque de nervios. Creo que es preferible dejar aquí a los más conflictivos.

Dijo los nombres de los gatos a los que según ella era mejor no molestar. Con todo, de una u otra forma atrajimos, camelamos, engatusamos y metimos en las cajas a un buen número de gatos. Por suerte, Will tenía un rollo de cinta adhesiva enorme.

Arriba y abajo. Arriba y abajo. Yolanda dijo que se haría cargo de dos gatos, pero no para ayudar a la Señora de los Gatos.

–Yo me alegraría si la echaran –dijo–. Esto lo hago por ti.

Fingí haber entendido que cogería dos cajas y le llevé cuatro gatos.

–Más vale que te los lleves –dijo cuando me presenté ante su ventana con Minnie y Micky Mouse–. No quiero que Cuca se revolucione. Ya tengo bastante con que crea que es un teléfono y una ambulancia.

Así que me llevé la caja y le di a Luisa seis gatos. Ella dijo que, si era necesario, podía hacerse cargo de más.

¿Habéis intentado alguna vez bajar por una escalera de incendios transportando una caja enorme con un gato dentro de casi cincuenta kilos, que no para de saltar, moverse y chillar como si fueran a matarlo? No me notaba los brazos. Iba toda arañada por los gatos que intentaban salir de las cajas antes de que consiguiéramos poner la cinta adhesiva. Tenía hambre y sed. Cada vez que iba a casa de Will a buscar otra caja, Brutus se ponía a ladrar como un loco y no había manera de hacerlo callar. Pero, por lo menos, Will nos tranquilizaba cada dos minutos diciendo que no había ni rastro de Cruella, y cada gato que lograba trasladar era un gato menos en casa de la señora Witherspoon. Así que traté de sacar fuerzas de flaqueza y continué trabajando.

Daisy intentó decirme que había cambiado de idea y que no quería que aquellos gatos sucios convirtieran en una pocilga su bonita y limpia casa, pero le recordé que odiaba al casero más aún que a los gatos. Y en lugar de llevarle un gato viejo y feo, le llevé dos gatitos de pocos días.

–¡Mira qué preciosidad! –exclamó al ver la primera caja–. ¡Frankie, Jessica, Joey, venid a ver los gatitos! ¡Qué monada!

CAPÍTULO VIGESIMOSEGUNDO

Entre las diez y la una había trasladado veintidós gatos. Parecía que la mayor parte ya estaban fuera del piso de la Señora, pero todavía quedaban demasiados deambulando por allí dentro.

Y no nos quedaban cajas.

–¿Estás segura de que no queda ninguna? –me preguntó la señora Witherspoon–. Iris, ¿has mirado bien? A lo mejor Will ha dejado fuera alguna más. A lo mejor Sammy ha encontrado más. ¿Se lo has preguntado? Llámalo y pregúntaselo. Oh, Señor... –Estaba dejándose dominar por el pánico–. ¡Si esa mujer ve todos estos gatos, me desahucia seguro! ¡Tenemos que hacer algo!

–Y algo haremos –dije, tratando de que no notara que estaba contagiándome el pánico–. Podemos esconderlos. Podemos meterlos en algún sitio de la casa.

–No les hará ninguna gracia.

–¡No tiene que hacerles gracia! ¡Se trata de una emergencia! –Nada de pánico, Iris, me repetía. Si te dejas vencer por el pánico, y ella también se deja vencer por el pánico, y...–. No hace falta que los escondamos todos –dije, intentando sonreír–. Después de todo, usted es la Señora de los Gatos, ¿no? En su casa tiene que haber gatos, si no, se darán cuenta de que hay algo sospechoso. Ahora cogeremos unos cuantos y los encerraremos en los armarios y en el trastero.

–Ya hemos cogido todos los que era posible coger. Los que quedan no son de los que se dejan atrapar –repuso, meneando la cabeza–. Solo quedan los más testarudos, no se dejarán encerrar...

–Oiga, señora Witherspoon, ¿por casualidad tiene una idea mejor?

–Lo único que digo es que no funcionará. –No obstante, suspiró, se agachó y empezó a llamar–: Bsss... bsss... bsss... Venid aquí, pequeñines. Muy bien, eso es, venid con mamá. Iris, ahora muévete lentamente. Si asustas a uno, saldrán todos huyendo y no conseguiremos volver a agruparlos.

Dos se escondieron detrás del piano, uno consiguió meterse debajo de la estufa, y antes de acabar, la mano me sangraba, pero atrapé por lo menos diez. Los encerramos en el armario empotrado, en el de la ropa de casa y en el de debajo del fregadero.

¡Miauuu! Decididamente, no estaban hechos para estar encerrados en ningún sitio. Organizaban un estruendo infernal. Eran diez, pero por el escándalo que armaban parecía que fuesen cien.

–Oh, Señor... –La señora Witherspoon se retorcía las manos de desesperación–. Debería haber imaginado que ocurriría esto. Cuando estábamos colocando a los tranquilos, tenía que haber pensado que no podíamos dejar a estos demonios para el final. ¿Y ahora qué me harán? La administradora se dará cuenta enseguida de que queremos engañarla. ¡Me echará seguro!

En ese momento sonó el teléfono.

–¡Es ella! ¡Ha llegado! –dijo Will. Se me hizo un mudo en el estómago–. Está bajando del coche. Ostras, Iris, tenías razón, tiene pinta de mala. Oye, ¿qué son todos esos maullidos?

–Son los gatos. –El corazón me latía tan fuer-

te que me costaba respirar–. Hemos metido gatos en todos los armarios y no paran de maullar.

–¡Oh, Señor, y todavía no hemos abierto las ventanas! –exclamó la señora Witherspoon–. Nos hemos olvidado de las ventanas. ¡Jesús bendito!

–Will –grité para que se me oyera por encima de la señora Witherspoon, que recorría como una loca la casa pulverizándola con un frasco de ambientador–, Will, no podemos dejarla entrar mientras no consigamos que todos estos gatos se callen. ¿Me oyes, Will? Necesito un poco más de tiempo.

–Comprendido –dijo–. Saldré al rellano e intentaré entretenerla. La haré hablar un poco. Tú ocúpate de los gatos.

Sí, muy bien, pero ¿cómo? La señora Witherspoon iba de un armario a otro con el tarro de raíz del gato que yo le había regalado, y echaba un puñado de hierba dentro de cada uno suplicándoles a los gatos que se portaran bien, pero no servía de nada.

Necesitaba ayuda.

Salí a la escalera de incendios. Incluso desde allí afuera el estruendo era tal que parecía que hubiera un centenar de gatos a punto de ser degollados.

–¡Yolanda! –Bajé corriendo y llamé a su ventana.

–¡Arrrk! –chilló Cuca–. ¡Yolanda! ¡Yolanda!

–Ha llegado la administradora –dije–. Y todos los gatos están maullando. ¿Puedes hacer algo para cortarle el paso?

–¡Miau! ¡Cortarle el paso! –gritó de nuevo Cuca.

Vi un centelleo astuto en los ojos de Yolanda cuando se acercó a la ventana.

–Por supuesto que puedo cortarle el paso –dijo–. Será un placer. ¿Qué se cree, que puede dejarnos meses y meses sin ascensor y después venir aquí a fastidiar a la gente de bien? No te preocupes, Iris, estaré encantada de hacerle perder un poco de tiempo.

–¡Arrrk! ¡Poder para el pueblo! –vociferó Cuca–. ¡Hola! ¡Adiós! ¡Hasta luego, pajarito bonito! ¡Calla! ¡Rrrrrrr!

–Yolanda, te cojo prestado el loro.

23

CAPÍTULO VIGESIMOTERCERO

No sabía exactamente qué quería hacer con Cuca. No tenía ningún plan. Apenas había tenido tiempo de dejar la jaula encima de la mesa y lavarme las manos, que apestaban a pipí de gato, cuando llamaron a la puerta.

La señora Witherspoon inclinó la cabeza.

–El Señor Dios es mi fuerza. ¿A quién debería temer?

Luego fuimos juntas al salón y abrimos la puerta.

La administradora se parecía a Cruella De Vil todavía más de lo que recordaba.

–¿Cómo está, querida? –dijo con una voz más empalagosa que un jarabe para la tos, mientras miraba de arriba abajo a la señora Witherspoon.

–Bien, gracias –contestó esta, cogiéndome la mano.

–Perfecto. –La sonrisa ya había desaparecido–. Héctor, aquí presente –dijo Cruella señalando al señor Ocasio, que estaba acabando de subir la escalera–, me ha dicho que tiene usted muchísimos gatos. Y parece ser –levantó las negras y finas cejas– que echa por el retrete la arena sucia. –La señora Witherspoon me apretó la mano con más fuerza–. Tengo entendido que le hemos mandado muchas cartas sobre este asunto. ¿Las ha leído, querida?

Miraba el sombrero. Era el sombrero de la suerte, ese grande en forma de champiñón con cerezas encima. Le había dicho a la señora Witherspoon que no era una buena idea ponérselo en esta ocasión.

–¿Lee alguna vez las cartas que le mandamos, queridísima señora?

Me habría encantado agarrarla de su huesudo cuello y gritarle: «¡Se llama señora Witherspoon, no "querida", y mucho menos "queridísima señora"!».

–Perdone, pero es usted una maleducada. –Yolanda llegó jadeando, apartó a un lado al señor Ocasio y se interpuso entre nosotras y Cruella–. Estaba hablando con usted y me ha dejado plantada.

Yolanda llevaba una camiseta naranja que la hacía parecer más gorda aún de lo que estaba. Cruella intentó avanzar un poco más hacia el interior del piso, desplegó de nuevo su sonrisa y volvió a adoptar el tono de voz diplomático.

–Estaré encantada de hablar con usted en cuanto...

–Cuando los necesitamos –la interrumpió Yolanda–, no hay manera de hacerlos venir, pero ahora que han decidido hacerle la vida imposible a una pobre anciana... ¡Ah, y he oído que le ha preguntado cómo está! ¡A mí no me ha pregunta-

do nada sobre mi estado de salud! Pues tengo la tensión alta, ¿sabe? Y la señora Serrano, aquí presente –señaló con la barbilla a Luisa, que mientras tanto había subido con Raymond y Andy–, tiene asma. Igual que mi hijo. Y ya puestos, pregúntele al señor Ocasio. ¿Tiene idea de cuántas veces al día debe subir y bajar esta escalera porque ustedes no se deciden a reparar el ascensor? ¿Sabe cuántas veces al día tenemos que subir y bajar todos la escalera?

El teléfono móvil de Cruella sonó.

–¿Sííí...? Sí, sí, estoy aquí. –Miró el reloj–. Es cuestión de un minuto. Solo echaré un vistazo a este piso.

–¿Tiene intención de inspeccionar este piso antes de haber visto el mío? –le preguntó Yolanda–. Sé que es nueva aquí, pero que yo sepa el cinco va antes que el seis en todas partes. Cuando se hacen estas cosas hay que proceder por orden. La señora Serrano es pensionista y tiene un montón de problemas en su piso.

–Sí –confirmó Luisa–. Hay un *leak* en la bañera y...

–Pero ¿qué dice? –le preguntó Cruella al señor Ocasio.

–¿No habla español? –dijo Yolanda–. Esto no es justo. ¿No ha oído nunca hablar de las relaciones entre diferentes comunidades lingüísticas? Deberían enviar a alguien que esté capacitado para hablar con la gente, no a una persona como usted.

¡Me la habría comido a besos!

Pero Cruella me empujaba a mí con un codo

al tiempo que apartaba a la señora Witherspoon para conseguir entrar en el piso.

–Pónganlo todo por escrito, señoras. Escríbanme una carta de reclamación. Envíenme una lista de sus quejas y me aseguraré personalmente de que lleguen a quien corresponda. Y ahora, perdonen. Venga conmigo, Héctor. Bien, señoras, ¿estamos de acuerdo? Escríbanme una carta. Gracias.

Acto seguido, le cerró la puerta en las narices a Yolanda.

Contuve la respiración mientras la seguíamos por el piso, pero no oí ningún maullido. Quizá la raíz del gato había funcionado. El gato que solía estar tumbado bajo la lámpara estaba bajo la lámpara, pero no vi ninguno más. Y de momento no se notaba el mal olor.

El móvil sonó de nuevo.

–¿Sííí...? –dijo Cruella–. Ya lo sé, ya lo sé. –Fue hacia el dormitorio con el teléfono pegado a la oreja y el señor Ocasio detrás de ella como un perrito faldero. La señora Witherspoon y yo los seguimos–. ¿Qué quieres que te diga? ¡No dan para más! –le dijo a la persona que estaba al otro lado del hilo telefónico–. No hacen otra cosa que hablar del ascensor, como si esa fuera la causa de todos los males.

Había un gato encima del armario. Recé para que no lo viese. Y la colcha tenía una protuberancia que solo podía ser un gato.

–Sí, se lo he explicado al chiquillo del 3B –dijo–. El ascensor no es la causa, sino el efecto. Un efecto que podría evitarse fácilmente si...

–Si me echan a la calle –susurró la señora Witherspoon.

Le cogí la mano.

–Espera un momento, Jason. –Cruella miró de nuevo el reloj–. Héctor, no puedo pasarme aquí todo el día. Usted afirmaba que este piso estaba lleno de gatos a rebosar, pero hasta ahora solo he visto dos. ¿Podría decirme dónde están esos gatos?

¡No los había visto! Pero, justo cuando empezaba a relajarme, oí rascar la puerta del armario en la habitación del piano. Y después un maullido agudo y estridente.

El señor Ocasio nos miró, pero no dijo nada. Veía un gato tendido en el taburete, delante del piano, pero no era el que había maullado. Si teníamos suerte, había sido Cuca. Si no la teníamos, y la raíz del gato estaba acabándose...

Cruella entró en la habitación del piano. Oí otro maullido.

Cuca lo hacía bien, pero no tanto. Fingí tener un acceso de tos.

–Es Jitters –me susurró la señora Witherspoon–. Esta vez el sombrero de la suerte no funciona. Dios mío, te lo suplico, no permitas que Jitters anime a salir a todos los demás. O haz que esa mujer siga hablando con Jason para que no se dé cuenta. Iris, ¿cómo era esa oración que rezabas antes? Algo sobre no ser tímidos y tener un objetivo...

Dejé de toser.

–No era una oración de la Biblia. La he sacado de un libro de mecanografía.

–Me da igual de dónde sea, si puede infundirnos valor –dijo–. Necesitamos mucho valor en una situación como esta.

Justo en ese momento me acordé de la carta de Mildred Dornbush. ¿Cómo no se me había ocurrido antes?

Fui corriendo al salón y marqué el número de Will.

–¡Will! ¿Te acuerdas de aquella carta de reclamación que escribimos juntos? ¿La tienes todavía en el ordenador?

–Sí –respondió–. ¿Por qué? ¿Qué es lo que quieres hacer?

–¡Ha dicho que le escribamos una carta! –Estaba demasiado eufórica para hablar en voz baja, tan exaltada que me hubiera puesto a bailar alrededor de la mesa–. Pero lo ha dicho porque cree que aquí no hay nadie capaz de hacerlo de verdad.

–Pues me parece que va a llevarse una buena sorpresa. –Will había pillado la idea al vuelo–. Ahora mismo voy a mi mesa.

Comprobé que Cruella no estuviera delante.

–Lo primero que tienes que hacer es suprimir todas esas tonterías sobre las ocas y después imprimir el resto lo más deprisa posible.

–Ya estoy aquí. –Oí el ruido del ordenador encendiéndose–. Estoy poniendo en marcha el ordenador. ¡Y pensar que parecía una pérdida de tiempo! Nunca hubiera pensado que... –Oí los clics del ratón y el repiqueteo del teclado–. Ya está, Iris, la tengo delante. –La voz de Will era una explosión de entusiasmo–. Es perfecta, Iris. Escribimos una carta genial. Tardo cinco minutos. Llámame cuando salga y la esperaré en el rellano.

CAPÍTULO VIGESIMOTERCERO 

Crucé a toda prisa el piso. Jitters había dejado de maullar y no había ni rastro de los gatos. Cuando llegué a la cocina, Cruella había dejado de hablar por teléfono, y la señora Witherspoon, apretando el sombrero de la suerte contra el pecho, estaba soltando un discurso. Por la cara del señor Ocasio y la de Cruella, debía de estar hablando sin parar por lo menos desde que yo había salido de la habitación.

–El mundo está lleno de personas que necesitan gatos grandes y pequeños –decía–. Así son las cosas. Algunos quizá todavía no lo saben y otros tal vez están descubriéndolo justo en este momento, pero, una vez que se han encontrado cara a cara con un gato, una vez que lo han acogido en su casa y se han dado cuenta de la maravillosa compañía que puede ser...

Quizá estaba tratando de aburrir a Cruella hasta el punto de obligarla a marcharse. El señor Ocasio miraba por la ventana como si esperase que un platillo volante viniera a llevárselo. Cruella no paraba de mirar el reloj. Hasta Cuca había escondido la cabeza bajo el ala.

Quién sabe, a lo mejor la señora Witherspoon conseguiría con su discurso lo que quería.

–Regalar un gato es siempre una buena acción. El Señor ha puesto a los gatos en el mundo para llevar alegría y felicidad donde no la hay...

Cruella exhaló un profundo suspiro.

–No he venido para hablar de la alegría y la felicidad. Estamos hablando de sus gatos y de qué hacer con ellos.

–¡Señorita, no está escuchándome! –dijo la señora Witherspoon–. No hay que hacer nada con ellos. ¿Cuántos gatos ha visto en mi casa?

–¿En este preciso momento? –Cruella apretó los labios–. Tres o cuatro. Pero tengo conocimiento del hecho de que hay muchos...

–¡Exacto! –dijo la señora Witherspoon–. Tres o cuatro. ¿Y quiere saber por qué? –Me miró, luego levantó la barbilla y se volvió de nuevo hacia Cruella–. Porque los hemos instalado en otros lugares. Sí, eso es. Lo he hecho yo misma. –Su voz se tornó más firme–. Les hemos encontrado otras casas. ¿No es cierto, Iris?

–Lo es.

No sabía de qué estaba hablando y me daba igual. Solo necesitaba un par de minutos más.

–¿Y tú quién eres? –me preguntó Cruella, como si se percatara en ese momento de mi presencia.

–Iris Díaz-Pinkowitz –dije. Por primera vez en mi vida, sonaba bien tener un apellido con tantas sílabas–, del 2B.

¡Lárgate, Cruella, pensé.

–Iris me ayuda a tener la casa limpia –dijo la señora Witherspoon–, y también me ha ayudado a encontrar buenas casas para mis pequeños...

Daba la impresión de que estaba considerando la posibilidad de regalar los gatos. Pero no era el momento de ponerse a pensar en eso.

–Cualquiera puede tener tres o cuatro gatos –dije–. Me parece un número razonable.

La Señora de los Gatos tenía tres. O cuatro. O cuarenta y cuatro. Es hora de irse, Cruella. Adiós. *Bye-bye. Arrivederci.*

CAPÍTULO VIGESIMOTERCERO

Pero, justo mientras Cruella cogía su cartera, se oyó un sonoro «miau». Era Sweet William, encaramado en la hoja de la puerta de la cocina.

Tosí lo más fuerte que pude. ¡Por favor, por favor, no mires hacia arriba, Cruella! ¡Vete de una vez!

Sweet William maulló de nuevo.

–Calla –murmuré.

Había olvidado que «calla» era la palabra preferida de Cuca. De la jaula salió un brrrk y después:

–¡Calla! ¡Arrrk! ¡Calla! ¡No, calla tú!

–¡Miauuu! –dijo Sweet William más fuerte.

Cuca maulló también, y a continuación hizo su acostumbrada imitación del teléfono.

–¡Riiing!

Cruella cogió el móvil.

–¿Sííí...? –gritó.

–¿Sííí...? –repitió Cuca–. ¡Riiing! ¿Sííí...? ¡Miaaau!

–Pero ¿qué ocurre aquí? –dijo Cruella.

–Nada –contesté–. Es el loro.

En ese momento se oyó un maullido procedente de debajo del fregadero, luego otro del armario de las escobas. Luego otro de la habitación del piano, luego otro y luego otro más. Se oía arañar y golpear como si quienquiera que estuviese en el armario de las escobas necesitara imperiosamente salir.

Cruella frunció el entrecejo.

–¡Eso no es el loro!

–No, sí, sabe imitar cualquier cosa –dije–. Es muy listo.

El señor Ocasio abrió la boca y luego la cerró.

La señora Witherspoon tenía el aspecto de una persona que asiste en directo al fin del mundo.

Cruella miraba a su alrededor con cara de no entender lo que estaba sucediendo. Pero, evidentemente, no tardaría mucho en entenderlo. Así que hice lo único que podía hacer. Abrí la jaula y dije:

–¡Pajarraco cochino! ¡Cuca es un pajarraco cochino!

–¡Besa mi precioso culito verde! –gritó Cuca revoloteando sobre el frigorífico–. ¡Arrrk! ¡Firme resbaladizo! ¡Miaaau! –Lo esquivé por los pelos cuando pasó por encima de mi cabeza–. ¡Maravilloso pase al centro del quarterback! ¡Brrrk! ¡Miaaau! ¡Los trabajadores del sector están en paro! –Cruella levantó la cartera cuando lo vio dirigirse hacia ella–. ¡Salid todos del vehículo! ¡Peligro! ¡Peligro! ¡Brrrk! Parcialmente nuboso. Posibilidad de chaparrones por la tarde. ¡Miaaau! Quiero un abrazo.

–Iris, intenta atraparlo –me dijo el señor Ocasio cubriéndose la cabeza con las manos mientras Cuca revoloteaba sobre él.

–¡Brrrk! ¡Aaaaa-leluya, aleluya, aleluya, aleluya!

El loro iba directo hacia las cerezas del sombrero de la señora Witherspoon. Se lo quité a esta de las manos y se lo lancé a Cruella.

–¡Tome!

–Tomate. ¡Dame un tomate! ¡Dame un besito!

Cuca estaba descendiendo en picado. ¿Acaso quería besar a Cruella en la boca? No, había aterrizado sobre el sombrero.

Ella lo soltó y se fue corriendo a la habitación contigua.

–Iris, ayúdame. ¡Chissst...! Silencio, pequeños. ¡Chissst...! Os lo pido de rodillas.

La señora Witherspoon iba frenéticamente de un armario a otro.

–¡Cállate, Cuca! –El señor Ocasio cogió una toalla, se la tiró encima, lo atrapó y lo metió en la jaula. Después cerró la puerta y tapó la jaula con la toalla–. ¡Te has metido en un buen lío, Iris! –me dijo mientras llevaba la jaula hacia la ventana y la dejaba en la escalera de incendios–. Estamos todos metidos en un buen lío.

Se volvió hacia la señora Witherspoon, que estaba mascullando:

–A la sombra de Tus alas construiré mi refugio hasta que pasen estas inmensas calamidades.

–¡Más vale que empiece a rezar para que se produzca un milagro! –le dijo Ocasio–. ¿Oye lo que está haciendo?

Me acerqué a la habitación del piano, donde, ahora que se había conseguido hacer callar a Cuca y que los gatos empezaban a calmarse, Cruella estaba hablando por teléfono.

–Está informando.

Cuando, al cabo de un momento, oí un timbrazo, creí que era el teléfono de Cruella o Cuca haciendo su imitación desde la escalera de incendios. Hasta el tercer timbrazo no me di cuenta de que era el teléfono de la señora Witherspoon.

–Iris, ¿cómo va por ahí? ¿Tengo todavía un poco de tiempo? –Will también parecía dominado por el pánico–. La carta está hecha, pero no sabemos el nombre de Cruella. ¿Tú sabes cómo se llaman los nuevos propietarios? No puedo darle una carta sin destinatario. La rompería al instante.

El pánico me dominó también a mí, pero solo por un segundo. Acababa de recordar lo que decía Mildred Dornbush sobre las cartas de reclamación.

–No cuelgues, Will. ¡Señora! –grité. Cuca ya se había callado y los gatos habían dejado de maullar–. ¿Puede venir un momento?

Cruella apareció en la puerta de la cocina.

–¿Cómo se llama? –le pregunté.

–Green, soy la señora Green. ¿Por qué?

–¿Con «e» final o sin?

–Sin «e». ¿Con quién hablas?

–¿Y cómo se llama la empresa para la que trabaja?

–Es la ABC Realty –intervino el señor Ocasio.

–Señora Green, sin «e» final. ABC Realty –le dije a Will–. Puedes dirigir la carta a la señora Green, de la ABC Realty.

–¿Qué carta? ¿De qué estás hablando? –dijo Cruella mientras yo oía el repiqueteo del teclado del ordenador de Will.

Mi cerebro iba más deprisa que el ordenador.

–Will –dije, mirando a Cruella a los ojos–. Haz una copia de la carta de reclamación para nuestro representante en el Congreso, otra para el alcalde y otra para el gobernador, por favor.

–¿Vamos a presentar una reclamación al gobierno? –dijo la señora Witherspoon abriendo los ojos como platos.

–No reclamaréis por mí, ¿verdad? –preguntó el señor Ocasio.

–No –lo tranquilicé–. La señora Green ha dicho que lo quería todo por escrito, así que hemos redactado una carta.

–Oye, Iris –dijo Will–, también hay una Oficina de Defensa de los Derechos de las Personas Discapacitadas. Deberíamos hacer otra copia para presentarla allí, ¿no te parece?

–Por supuesto. Tú estás discapacitado, así que tenemos que mandarla también a la Oficina de Defensa de los Derechos de las Personas Discapacitadas. Y llamaré a la televisión. Seguro que nos sacan en el noticiario de las seis. Y ya puestos...

Cruella cogió su cartera.

–Vamos, Héctor, ya he perdido demasiado tiempo. Tengo que administrar un montón de inmuebles. –Marcó un número en el móvil–. Jason, ya voy para allá. Ha sido una pérdida de tiempo.

Se dirigió hacia la puerta. La señora Witherspoon la siguió.

–No creo que haya sido una pérdida de tiempo –dijo–, si la ha hecho cambiar de opinión sobre mis gatos.

–¡Ni si hace reparar el ascensor! –añadí. Todavía tenía el teléfono en la mano.

–Iris, ¿sigues ahí? –dijo Will–. La carta está lista. ¿Qué ocurre?

–¡Muy bien, señora Green –grité–, puede recoger la carta al bajar! Will, no cuelgues. –Bajé la voz para que solo me oyera él–. Will, has quitado de en medio las ocas, ¿verdad?

24

CAPÍTULO VIGESIMOCUARTO

Cruella estaba bajando la escalera y Will la esperaba en el rellano del tercer piso.

–¡Señora Green! –Destilaba alegría por todos los poros de la piel mientras le entregaba la carta–. ¡Señora Green, esto es para usted!

–¡Espera un momento, Will! –dijo Yolanda.

Mientras bajaba, había llamado a su puerta y a la de Luisa para que se enteraran de lo que estaba pasando. En aquel momento éramos nueve en el rellano de Will.

–¿Qué le has dado, Will? –preguntó Yolanda.

–¿Recuerda que la señora Green ha dicho que quería una reclamación por escrito? –dije–. Bien...

–¡Aquí tenemos una carta de reclamación en toda regla! –me interrumpió Will.

–Diciendo que deben reparar inmediatamente el ascensor para que Will pueda ir al colegio, que empieza dentro de dos días –expliqué.

Luisa se quedó sin habla y Yolanda dejó escapar un gritito de alegría. En cuanto a la señora Witherspoon, le brillaban los ojos.

CAPÍTULO VIGESIMOCUARTO

–¿Qué pasa? ¿A qué viene este revuelo? –Daisy bajó la escalera corriendo con sus tres nietecitos–. ¡No puedo creerlo! –exclamó después de que Luisa se lo hubiera contado todo en español–. ¡Y yo me he perdido la escena!

–Sí, se la ha perdido –dijo la señora Witherspoon intentando ponerse el sombrero. Había obligado al señor Ocasio a sacarlo de la jaula de Cuca antes de bajar–. Y ahora que ha inspeccionado mi casa, que ha visto que tengo pocos gatos y que le hemos explicado que los otros han encontrado otras casas donde vivir, la señora Green se irá y nos dejará en paz...

–¡No antes de que hayamos oído todos qué dice esa carta! –Yolanda se la quitó de las manos a Cruella, que ya estaba guardándosela en la cartera–. Se trata de una carta que todos debemos conocer. Además –se desplazó para cerrarle el paso a Cruella por si intentaba escapar–, si dice que no la ha recibido o no responde, hay testigos...

–No... yo nunca... responderé... –Cruella intentó hacerse valer, pero toda su arrogancia se había venido abajo.

–Bien, lee –dijo Yolanda tendiéndole la carta a Will.

–¿Te importa hacerlo tú? –me pidió en voz baja.

Por un momento se me secó la boca, como me pasa siempre en clase.

–No temas, cielo –me susurró la señora Witherspoon–. Toma, puedes ponerte esto. –Se quitó el sombrero, completamente aplastado después de haber estado en la jaula de Cuca, y me lo puso en la cabeza–. A mí me ha funcionado...

Los niños se echaron a reír, mientras que Daisy y Yolanda intentaban contenerse. No pensaba ni por asomo ponerme a leer delante de todos con un enorme champiñón sobre la cabeza, así que me lo quité, me aclaré la garganta y empecé:

–«Estimada señora Green: Vivo en el 532 Oeste de la calle Ciento Nueve, piso 3B. El ascensor del edificio está averiado desde hace seis semanas. Mi padre se pone en contacto con el casero como mínimo una vez a la semana...» –Era una carta muy bien redactada. Hasta Mildred se habría sentido orgullosa–. «En este edificio viven personas mayores y niños pequeños a los que hay que llevar en cochecito...»

–¡Amén! –dijo la señora Witherspoon.

–¡Todo es verdad! –comentó Daisy.

–«... por no mencionar el hecho de que yo mismo tengo que utilizar silla de ruedas...» –Miré a Will para ver si se sentía violento.

En ese momento vi por encima de la barandilla a mamá subiendo la escalera para ir a casa.

Mi primer impulso fue dejar de leer y esconderme detrás de Yolanda. Pero todos esperaban oír cómo seguía la carta, hasta los hijos de Yolanda y los nietos de Daisy. Y Cruella tenía una expresión cada vez más preocupada.

–«Las clases empiezan pasado mañana –leí–, y sin ascensor es imposible...»

¿Por qué había vuelto mamá tan pronto?

–¿Iris? –Dejó las bolsas de la compra delante

de nuestra puerta y subió–. Iris, ¿qué pasa? –Primero me miró a mí, que aún tenía en la mano el sombrero en forma de champiñón, luego a la señora Witherspoon y al señor Ocasio, luego a Cruella, con su moderno traje de chaqueta y sus zapatos de tacón, y luego a Will, cuya existencia ni siquiera conocía–. ¿Qué haces aquí? ¿Y qué estás leyendo delante de todas estas personas?

–Una carta para el casero –dijo Yolanda, haciéndole un poco de sitio–. Esta señora –añadió, señalando a Cruella– representa al casero...

–Yo ya me iba –dijo Cruella.

–¡Eh, no puede irse sin esto! –Will me quitó la carta y se la puso en las manos–. Y no olvide que, en cuanto se vaya, llamaremos a la televisión y enviaremos copias de la carta al alcalde, y a la Oficina de Ayuda a los Discapacitados, y...

–¡No es necesario hacer nada de eso! –Cruella empujó literalmente a mamá para poder bajar. El señor Ocasio la siguió–. ¡No hace falta llegar a esos extremos! No tendrán que mandar nada a nadie. Mañana por la mañana mandaré a la empresa que se ocupa del mantenimiento de los ascensores. Mañana a primera hora, se lo aseguro.

–¡Síííí! –Will me estrechó la mano.

–Te doy gracias, Señor –dijo la señora Witherspoon, alzando los ojos al cielo.

Yolanda esbozó un paso de baile.

Mamá nos miraba a todos boquiabierta.

Me sentía como un globo a punto de explotar.

–Will y yo hemos escrito la carta –le dije.

–No, es obra de los dos, pero Iris la ha escrito con el ordenador –precisó Will, cuya mirada había ido todo el rato de mí a mamá y de mamá a mí.

–¿La has escrito tú con el ordenador? –En ese momento, la boca de mamá estaba completamente abierta.

–¡Y eso no es todo! –Yolanda se asomó por encima de la barandilla para asegurarse de que Cruella se había ido–. ¡Si no hubiera sido por Iris, la señora Green habría echado a esta pobre anciana y a todos sus gatos a la calle!

–¿Nos los quedamos? ¿Podemos quedarnos los gatos? –Raymond y Andy habían empezado a darle tirones de la falda–. Por favor, mami, ¿podemos? Por favor... por favor... Nos gustan mucho, y solo son cuatro...

–¿Me veis cara de querer tener cuatro gatos en casa? –repuso Yolanda–. Además, ni siquiera sabemos si la señora Witherspoon está dispuesta a regalarlos. Iris me ha prometido que solo tendríamos que ocuparnos de ellos unas horas.

Oh, oh... Will y yo nos miramos. Habíamos olvidado que teníamos que llevar los gatos de vuelta a casa. Si su padre volvía de trabajar y los veía en casa... Y ahora que mamá había llegado, yo ya no podía...

–Abuela, ¿podemos quedarnos los gatitos? ¡Abuela, yo los quiero! ¡Necesito esos gatitos! Por favor, abuela, por favor...

Los nietecitos de Daisy se habían sumado al coro.

–¡Iris, mira qué has conseguido! –dijo Daisy.

–¡Es justo que sea así! –La señora Witherspoon desplegaba una sonrisa cada vez más am-

plia–. Debemos dar las gracias a Iris por todo esto. A Iris y a Will.

–Si la cosa acaba teniendo que quedarme yo seis gatos, no le doy las gracias a nadie –repuso Daisy.

–Todo el mundo necesita gatos grandes o pequeños –dijo la señora Witherspoon–. Algunos quizá todavía no lo saben y otros tal vez están descubriéndolo justo en este momento, pero, una vez que se han encontrado cara a cara con un gato, una vez que se ha tenido un gato deambulando por casa... Y de este modo yo haría realmente una buena acción, difundiendo alegría y felicidad...

–Mi marido no soporta los gatos –dijo Yolanda, pero también sonreía.

–¿Y usted, señora Pinkowitz? –La señora Witherspoon se había dirigido a mamá–. ¿A usted le gustan los gatos? Porque a Iris le chiflan.

¡Oh, no! Había decidido hablarle de Fluffy en la primera ocasión favorable. Pero no quería que fuese la señora Witherspoon quien se lo dijera. Tenía que ser yo la que hablara con ella del asunto. Pero después de que hubiera digerido todo esto, y después de haber decidido si le contaba o no toda la historia de «¡Llamen a Iris!», y después de haber encontrado la manera de decirle lo del sujetador. Contuve la respiración.

Antes de que mamá pudiera responder, la señora Witherspoon le cogió una mano y le dijo:

–Porque si a usted también le gustan los gatos, entonces entenderá de lo que estoy hablando. Voy a decirle una cosa muy importante, señora Pinkowitz: yo creía que mis pequeños eran lo más bonito que me había sucedido nunca, pero era porque aún no había conocido a su hija.

25

CAPÍTULO VIGESIMOQUINTO

A la mañana siguiente, tempranísimo, la empresa que se ocupaba del mantenimiento de los ascensores ya estaba trabajando. A mediodía el ascensor funcionaba de nuevo. A las doce y un minuto lo utilicé. Cuando se abrieron las puertas en el piso de Will, él estaba esperando.

–¿Qué, cómo se está ahí dentro? –me preguntó.

–¡De fábula! –dije.

–Entonces mantén abierta la puerta. Tenemos que trasladar gatos y arena.

El día anterior habíamos devuelto a casa de la señora Witherspoon los gatos que estaban en la de Will antes de que su padre volviera, pero los que habíamos dejado a cargo de Daisy, de Yolanda y de Luisa aún los tenían ellas.

La primera parada fue en casa de Daisy.

–¿Podéis dejármelos un día más? –nos preguntó mientras nos hacía pasar. Me di cuenta de que intentaba no parecer demasiado curiosa, pero no conseguía apartar la vista de la silla de ruedas de Will–. No digo que vaya a quedármelos para siempre, pero... –Se encogió de hombros–. Los niños se lo pasan muy bien con ellos, y si se despiertan y ven que he devuelto a Sneaky, Squeaky y Muñeca...

–Estoy segura de que a la señora Witherspoon le parecerá bien –dije, tratando de no echarme a reír.

–Pero dile que no puedo quedármelos, que es solo temporal.

–Sí, claro –dije muy seria.

Pero en cuanto salimos de su casa le di una palmada en la espalda a Will.

–Ahora que les ha puesto nombre, la cosa está hecha. Podemos decirle a la señora Witherspoon que acabamos de colocar tres gatos.

Luisa se quedó a Snowball y Bo Peep. En cuanto a Yolanda, me devolvió todos los gatos que tenía.

–Pero tengo una amiga que a lo mejor quiere uno –dijo–. Y podría llamar a otra chica y decírselo, y mi tío tiene un almacén y siempre está quejándose de los ratones. Quizá le iría bien quedarse uno de los gatos de la Señora.

–Entonces, ¿cuántos gatos le quedan? –preguntó Will a la señora Witherspoon cuando le llevamos los que nos habían devuelto y después de que ella le presentara a Will a Sweet William, Heckle, Jekyll, Hyacinth, Chester, Peanuts y por lo menos una docena más.

–Yo no creo en los números –respondió ella.

–En tal caso, sin ánimo de ofender, sugiero que guardemos las cajas-hotel para gatos por si Cruella decide volver a visitarla –propuso Will.

–Claro que las guardaremos. No te preocupes por eso –contesté yo en su lugar.

CAPÍTULO VIGESIMOQUINTO

Fluffy vino a restregarse contra mi pierna. Lo cogí en brazos. Él hundió el hocico en mi cuello y empezó a ronronear; luego levantó una pata y se puso a jugar con mi pendiente.

–¡Buster, pórtate bien! –le regañó la señora Witherspoon.

–No pasa nada –dije, restregando la nariz contra su suave pelo.

–Desde luego, te ha cogido mucho cariño –dijo ella.

En ese momento estaba mordiéndome un pendiente.

–Es porque se ha dado cuenta de que lo quiero mucho.

De repente, la señora Witherspoon se puso triste y apretó los labios.

–Bien, Buster Brown –dijo–, creo que tendré que seguir repitiéndome que el mundo está lleno de personas que necesitan gatos grandes y pequeños, aunque haya descarados como tú de los que resulta muy difícil separarse. –Le acarició la cabeza a él y después a mí–. De todas formas, tengo suerte de que sea Iris quien se encargue de encontrar a la persona apropiada para todos vosotros y quien me ayude a no perder el ánimo...

–Iris y yo –dijo Will–. Se olvida de mí.

Tardamos casi toda la tarde en retirar las bolsas de arena de la escalera de incendios, bajarlas al sótano y meterlas en los contenedores de basura. Yo entraba las bolsas por la ventana y las ataba detrás de la silla de ruedas.

–¿Quién iba a decirme que me divertiría tanto transportando pipí y caca de gato? –comentó Will cuando acabamos. Ya había abierto la puerta de su casa, pero estaba claro que aún no tenía ganas de entrar.

–Lo mismo digo.

–Sí, claro, pero no volverá a pasar.

–¿Por qué no? Apenas hemos empezado a divertirnos juntos tú y yo.

–Sí, lo sé –dijo, mirándome a los ojos–. Pero, aunque todo el mundo dice que las cosas no cambiarán, luego siempre cambian.

No me gustaba la forma en que me miraba. De repente había aparecido de nuevo en su rostro esa expresión perversa de asesino de palomas que tenía cuando lo conocí, con la diferencia de que ahora era todavía más triste.

–¿De qué hablas?

–No sé. –Empezó a juguetear con las llaves–. De muchas cosas... –Dio media vuelta para entrar en casa–. Mañana empiezan las clases.

–Will, a ti te gusta el colegio, ¿recuerdas? –dije–. Soy yo la que no tiene ganas de ir.

Seguía sin mirarme.

–Eso lo dices ahora, pero cuando vayas harás amigos... amigos normales, no un puñado de...

–Sí, claro. –Desplegué una sonrisa estilo Mildred Dornbush y dije con voz de idiota–: ¡Hola a todos, yo soy Iris! –Luego, en el tono más sarcástico que era capaz de adoptar, me repliqué a mí misma–: ¿Y qué? –Después añadí–: Will, intentemos no pensar en el colegio, por favor.

Sin embargo, no lograba quitarme de la cabeza que al día siguiente tenía que ir.

Piensa en los gatos. O en alguien que pueda

querer un gato, no paraba de decirme. Cuenta los gatos, pensaba mientras estaba en la cama, en vista de que no podía dormirme. Piensa cómo podrías redactar un anuncio ofreciéndolos, me repetía, o en la manera de decirle a mamá que quieres quedarte a Fluffy.

Pero, en cambio, no paraba de recordar todas las veces que se habían burlado de mí en el colegio y de pensar en las cosas feas que me habían dicho, incluso añadiendo otras inventadas: «¿Has visto cómo va vestida la chica nueva? ¿Quién, esa que tiene un apellido tan raro y las tetas grandes?».

Después empecé a oír también la voz de los profesores: «¿Y tú crees que estás capacitada para la escuela de informática? Perdón, pero ¿qué hace esta chica aquí? Lo siento, pero debe de haber un error». Hacia medianoche, renuncié a dormir y me puse a leer.

–Iris, ¿qué haces todavía despierta?

Cerré el viejo y enmohecido libro marrón en cuanto oí la voz de mamá, pero debió de traicionarme la cara.

–¡Creía que lo había escondido! –dijo, entrando en mi habitación–. ¡Debería haber tirado ese libro sobre la resignación sexual directamente a la basura!

–No es el de la resignación sexual –repuse–. Es un libro que me ha prestado la señora Witherspoon.

Metí rápidamente *Tú y tu gato* debajo de la almohada.

–Iris, deja de preocuparte e intenta dormir –dijo mamá.

Me invadió una especie de extraña nostalgia cuando se inclinó sobre mí y noté el olor a jabón de almendras y a la crema de manos que utilizaba.

Mamá me alisó el pelo, me dio un beso de buenas noches, estiró la colcha y la remetió por debajo del colchón como hacía cuando yo era pequeña. De pronto supe que iba a decirle algo importante. Creía que diría algo como: «Mamá, estoy muy nerviosa por el cambio de colegio», o quizá: «Mamá, tenemos un gato», pero lo que dije en realidad fue:

–Tengo un sujetador.

–¿Cómo? –Dejó de remeter la colcha–. ¿Lo dices en serio? ¿Y de dónde lo has sacado?

Sus ojos estaban a pocos centímetros de los míos.

–Lo he comprado –respondí, con el corazón desbocado.

Se enderezó.

–¿Tú?

Asentí.

–¿Y de dónde has sacado el dinero?

–Lo he ganado haciendo recados para los vecinos –dije.

Mamá meneó la cabeza.

–¿Y cuánto tiempo hace que lo tienes?

–Una semana.

–¿Una semana? ¿Fuiste a comprar un sujetador hace una semana y no me has dicho nada? –En un instante pasaron por sus ojos expresiones tan distintas que no acababa de saber si estaba enfadada, triste o qué sentía–. ¿Me lo enseñas?

–¿Quieres verlo? –Salté de la cama, deshaciendo todo el trabajo que había hecho ella con la colcha, saqué el sujetador de un cajón y se lo di.

–Póntelo. A ver cómo te queda.

Me volví de espaldas, me quité el pijama y me lo puse.

–Ven, que te ayudaré. –Se acercó y me lo abrochó. Me volví hacia ella–. Te queda muy bien –dijo–. Y es muy bonito. ¿Dónde lo has comprado?

–En una tienda de ropa interior del East Side.

Todavía no tenía valor para mirarla a los ojos.

–¿Y has ido hasta el East Side?

Me encogí de hombros.

–Queríamos evitar encontrarnos con algún amigo de Freddy.

Mamá se echó a reír.

–¿Quieres decir que tu hermano fue contigo? ¡Había oído cosas raras, pero esta las supera todas!

–Pero no entró.

Le conté que había cruzado a la otra acera al ver un Victoria's Secret, que se había tapado la cabeza con la capucha y que se había escondido fuera de la tienda.

–¡Ay, Dios mío, no me lo imagino! –Reía, pero tenía lágrimas en los ojos–. Me alegro de que tengas un hermano mayor que te acompañe, hija, pero debería haberte acompañado yo –dijo, meneando la cabeza–. Sí, debería haberlo hecho yo –repitió, abrazándome tan fuerte que casi no podía respirar.

–No importa, mamá –dije con la cara contra su hombro–. Fue todo muy bien.

–Eso parece.

Dejó de abrazarme y se puso a toquetear los tirantes del sujetador hasta ajustarlos los dos a la misma altura. Cuando terminó de hacer eso, me lo abrochó un poco más flojo, dio un paso atrás y me miró casi como si fuera una chica desconocida a la que veía por primera vez. Habría resultado violento si no hubiese visto un brillo en sus ojos.

–Bueno, Iris –dijo–, así que has hecho trabajitos para comprarte el sujetador y has escrito en el ordenador la carta para el casero. ¿Has hecho algo más que haya que añadir a esta lista de sorpresas?

¿Debía hablarle de Fluffy?

–Todavía no –respondí.

–En fin, estoy empezando a pensar que quizá no deba preocuparme tanto por la posibilidad de que te resignes –dijo–. No parece que seas de las que se rinden fácilmente.

–En absoluto –dije.

26

CAPÍTULO VIGESIMOSEXTO

Después de todo lo que había sucedido, se podía pensar que estaba preparada para cualquier cosa, pero no era tan fácil. Cuando Will llamó a mi puerta, a la mañana siguiente, ya me había cambiado de ropa dos veces, me había recogido y soltado el pelo tres y me había mirado al espejo por lo menos mil. Mientras tanto, también le había gritado a Freddy que se diera prisa en salir del cuarto de baño, había intentado convencerlo de que llevara a Blackie a dar su paseo matutino, había engullido el desayuno y había repasado con mamá por enésima vez el camino para ir al colegio. Estaba hecha un manojo de nervios.

Will parecía muy seguro de sí mismo, con su camisa perfectamente planchada, el pelo todavía húmedo peinado hacia atrás y la mochila colgada detrás de la silla de ruedas. Pero se hubiera dicho que estaba más tenso que yo.

Bajando en el ascensor, no intercambiamos ni una palabra.

–Mi padre se ha ido a trabajar –dijo mientras daba tumbos sobre los tres escalones que había entre la entrada del edificio y la acera–. Le he dicho que me las arreglaría solo.

–¿Ah, sí? –Me preguntaba qué haría para subir aquellos tres escalones a la vuelta del colegio, pero no dije nada. Lo seguí hasta el bordillo de la acera–. ¿A qué hora pasa tu autobús?

Miramos la calle. Nada. Tenía que hacer pipí. ¿Debía subir un momento a casa, o esperar a llegar al colegio? El lavabo de las chicas... era un pensamiento demasiado aterrador.

–¿A qué hora pasa tu autobús? –volví a preguntar.

–Ya te lo he dicho: a las siete treinta y cinco.

–Ah, bien.

Era verdad, ya me lo había dicho. ¿Existía algo parecido a masajes de lengua? En toda mi vida no había tenido la lengua tan tensa.

–Esta noche, mientras intentaba dormir, me he puesto a contar los gatos –dije–. He conseguido recordar veintinueve nombres, sin contar a Fluffy y a todos los que ya hemos colocado. ¿Crees que averiguaremos alguna vez cuántos gatos...? –Will miró su reloj. Yo miré el mío. Ya era casi la hora de irme si no quería llegar tarde–. ¿Has oído hablar alguna vez de un mercado de gatos o algo parecido? –dije–. Como cuando, por ejemplo, se sacan unos cuantos a la calle para que la gente que pasa los vea y los adopte si quiere. Porque, en vista de que la señora Witherspoon parece que no tiene inconveniente en regalarlos, he pensado que podríamos hacer etiquetas con el nombre de los gatos, pegarlas en las cajas-hotel, meter dentro a los gatos y después bajarlos aquí, o llevarlos a

Broadway con el carrito rojo... Bueno, no sé si ella estará de acuerdo, pero...

Cada vez que pasaba un coche, Will se inclinaba hacia delante. Pasaban montones de coches, de taxis, de furgonetas e incluso de camiones. Pero del autobús escolar, ni rastro.

–El problema es que tenemos que cerrar todas las cajas con cinta adhesiva para evitar que los gatos salgan –proseguí–, pero así la gente no los ve. Aunque quizá sea mejor, teniendo en cuenta que hay muchos feos. Y otra cosa que tenemos que hacer son anuncios. Llevo toda la noche pensando en un nombre y un eslogan publicitario, pero lo único que se me ha ocurrido es: «¿Estáis hartos de soledad? ¿Sentís que en vuestra vida falta algo? ¿Necesitáis un gato y no sabéis dónde buscarlo? Llamad a Gatos S.A.», y la verdad, es espantoso. Claro que quizá podríamos pensar algo estilo Mildred, una cosa como «Will es el chico que necesitas. Iris resuelve todos tus problemas», pero es todavía peor.

Will no me escuchaba, pero, si dejaba de hablar, se me paralizaría del todo la lengua y luego, cuando llegara al colegio y me preguntaran por qué había llegado tarde...

–Iris –dijo Will–, no tienes que quedarte aquí conmigo distrayéndome.

¿Distrayéndolo? ¿Eso era lo que pensaba de mis propuestas, que eran una distracción?

Miró la calle por millonésima vez.

–Iris, ¿no tienes que irte?

Tenía miedo de mirar el reloj y descubrir qué hora era.

–Pero, si me voy, tú te quedas aquí solo.

Y yo también me quedaría sola, y eso era algo que no quería ni pensar.

–¿Qué haces si no llega el autobús escolar? ¿Tienes el teléfono? ¿Puedes llamar a tu padre?

–No, le he prometido que iría todo bien –dijo–. Le he asegurado que me las arreglaría solo.

Pero las cosas no iban nada bien. Si él tenía miedo y yo tenía miedo...

Sin embargo, allá arriba debe de haber un santo patrón de los autobuses escolares, porque en ese momento apareció al final de la calle un pequeño autobús de color naranja.

–Will, ¿es el tuyo? –le pregunté, asiéndolo del brazo.

–Sí, ya llega.

Se aclaró la garganta y enderezó la espalda.

–Oye, Iris, si tienes que irte...

El autobús se paró delante de nosotros. El conductor bajó y abrió la puerta lateral.

–¡Will, amigo! ¡Mi primer pasajero del día! ¿Qué tal estás? –Pulsó un botón y se oyó un ruido mientras una plataforma metálica bajaba lo suficiente para permitir que la silla de ruedas se colocara encima. Luego me miró, vio que tenía una mano sobre el brazo de Will y dijo–: Parece que aquí hay alguien que ha pasado un buen verano. Has hecho una amiga, ¿eh?

Debía de ser una situación violenta para él. Retiré la mano de su brazo como si me hubiera dado la corriente.

La plataforma había llegado a la altura de la

acera. Will avanzó un poco, hizo girar la silla y subió de espaldas. Pero cuando lo miré no parecía sentirse nada violento. En realidad, parecía que tuviese ganas de reír.

–La primera parte del verano no estuvo muy bien –le dijo al conductor–, pero luego...

–Siento haber llegado tarde –dijo el hombre–, pero es que hay un tráfico... Ya sabes lo que pasa.

–No importa. –Will colocó la silla sobre la plataforma y puso el freno a las ruedas–. Sabía que antes o después llegarías. Ya le he dicho a mi padre que no me dejarías tirado. Y también le he dicho que todo iría bien –añadió, mirándome–, porque sabía que mi amiga esperaría conmigo. –Sonrió abiertamente–. Sí, el principio del verano fue un asco, pero el final ha sido magnífico. ¡Eh, puedes subirme ya, Scotty! No quiero que Iris llegue tarde al colegio por mi culpa.

Su sonrisa se iba haciendo más amplia a medida que la plataforma subía.

¿Y entonces por qué cuando quitó el freno de las ruedas y empezó a instalarse dentro del autobús me entraron ganas de llorar?

–Iris, más vale que te des prisa en ir al colegio, así dejarás de pensar. Cuando vuelvas a casa, podemos hablar de eso del mercado de gatos. Hay que hacerlo antes de que la señora Witherspoon cambie de idea sobre lo de regalarlos...

De repente recuperé la voz y la lengua se me soltó:

–¿Crees que es una buena idea?

–Claro –dijo–. Pero Gatos S.A. no me gusta. Si quieres cambiar el nombre de tu empresa, ¿por qué no le ponemos simplemente «Llamad a Iris y Will»?

–O quizá «Iris y Will S.A.».

–Sí, eso está bien.

Todo estaba bien. Respiré hondo, me toqué un tirante del sujetador y dije:

–¿Nos vemos después de clase?

Si deseas recibir información de los próximos títulos y estar «a la última» de las nuevas aventuras de las protagonistas de CHICAS, rellena este cuestionario y envíalo a:

At. CLUB MIX MONTENA
Travessera de Gràcia, 47-49
08021 Barcelona

Apellidos: Nombre:

Calle: núm. y piso:

C.P. y Población:

Provincia: Teléfono:

Fecha de nacimiento: e-mail:

¿Dónde has comprado este libro?

☐ Librería ☐ Quiosco ☐ Grandes almacenes ☐ Otros

¿Quién ha comprado el libro?

☐ Tú ☐ Tus padres ☐ Amigos ☐ Otros

¿Has leído más libros de esta colección?

☐ Sí ¿Cuáles?
☐ No ....
....
....

¿Qué es lo que menos te gusta de la colección?

¿Cómo has conocido la colección?

☐ En revistas ☐ En librerías ☐ En quioscos
☐ En grandes almacenes ☐ Otros

Dinos cuáles son tus revistas o publicaciones preferidas.

¿Tienes hermanos? ☐ Sí ☐ No

¿Cuántos años tienen?

Firma de tu padre, madre o tutor*

DNI del adulto que ha firmado

* Autorizo a mi hijo o tutelado a participar y a facilitar sus datos. Estos datos se conservarán en un fichero totalmente confidencial (Ley 15/1999) por Grupo Editorial Random House Mondadori, S.L. Si lo desea puede solicitar su consulta, actualización o cancelación dirigiéndose por escrito a Grupo Editorial Random House Mondadori, S.L. Travessera de Gràcia, 47-49, 08021 Barcelona.

54. ¿Problemas? ¡Dímelo a mí...!